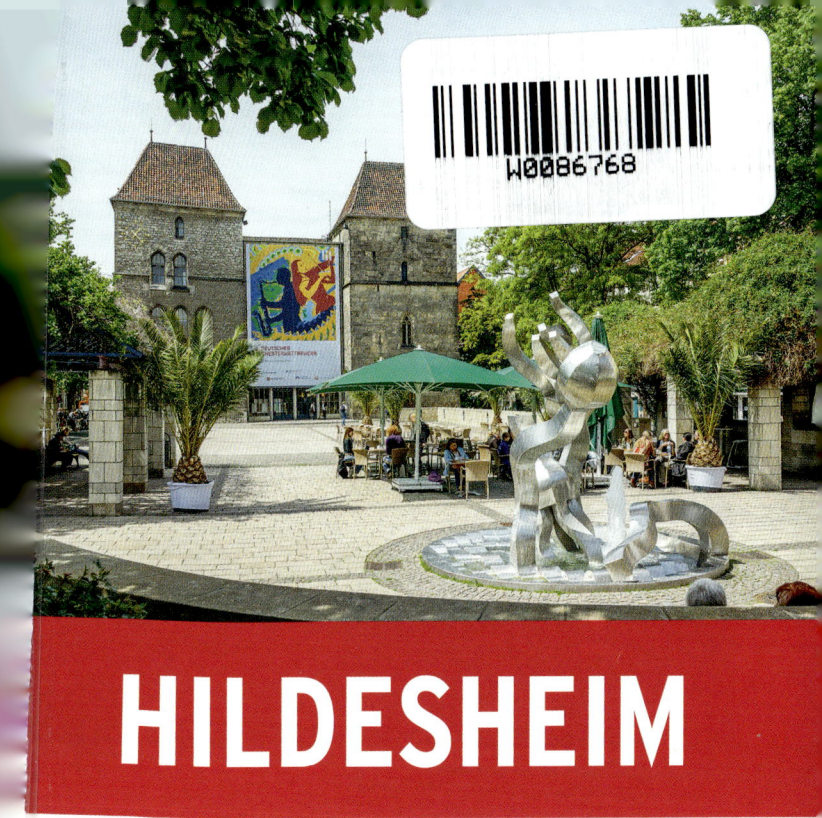

HILDESHEIM

CHRISTINE LENDT

WEITERE STADTFÜHRER AUS UNSERER REIHE

Bamberg · Bayreuth · Braunschweig · Erfurt · Chemnitz · Flensburg · Goslar ·
Gotha · Göttingen · Halle (Saale) · Hameln · Jena · Kiel · Magdeburg ·
Meiningen · Oldenburg · Osnabrück · Paderborn · Rostock · Zeitz

mitteldeutscher verlag

Eine grüne Stadt: Blick über Hildesheim

TOP-TIPPS

MARIENDOM
Weltkulturerbe und Naturwunder: Der Hildesheimer Dom beherbergt bedeutende Kunstschätze. An der Apsis wächst der Tausendjährige Rosenstock. Der Legende nach ist er eng mit der Entstehung des Bistums verbunden.   S. 59

KIRCHE ST. MICHAELIS
Im 11. Jh. von Bischof Bernward von Hildesheim erbaut, gilt St. Michaelis als eines der Schlüsselwerke mittelalterlicher Architektur – und macht die Stadt um ein weiteres Weltkulturerbe reicher.   S. 68

ROEMER- UND PELIZAEUS-MUSEUM
Die Ägypten-Ausstellung ist über die Landesgrenzen hinaus bekannt. Lohnenswert sind auch die anderen Sammlungen zu Themen der Völkerkunde, Naturkunde, Stadtgeschichte und Kunst.   S. 66

KNOCHENHAUERAMTSHAUS
Das Fachwerkhaus beeindruckt mit einer üppigen Fassadengestaltung. Eine der bekanntesten Sehenswürdigkeiten Hildesheims. Im Inneren gewährt das Stadtmuseum auch Einblicke in die Konstruktionsweise des Bauwerks.   S. 27

SCHLOSS MARIENBURG
Türme, Erker, Zinnen und eine überaus romantische Entstehungsgeschichte: Das Märchenschloss bei Nordstemmen zählt zu den beliebtesten regionalen Ausflugszielen der Hildesheimer Umgebung.   S. 100

ENTDECKER-TIPPS

ST.-ANDREAS-KIRCHTURM
Einmalige Ausblicke vom höchsten Kirchturm Niedersachsens. 364 Stufen führen zur in 75 Metern Höhe gelegenen Aussichtsplattform, von der sich das Panorama von Stadt und Umland eröffnet.   S. 35

HOHNSENSEE
Ein Badesee in der Stadt. Ob im Freibad Johanniswiese oder auf den kostenfreien Freiflächen und Wiesen, hier treffen Einheimische auf Urlaubsgäste. Das See-Restaurant „Noah" verführt mit exklusiver Küche.   S. 78

SCHULMUSEUM
Unterricht wie zur Kaiserzeit um 1900: Im original eingerichteten Klassenzimmer erfahren die Besucher, wie eng die alten Schulbänke waren, und lernen die strengen Schulregeln von anno dazumal kennen.   S. 82

STERNWARTE IM GELBEN TURM
Der historische Aussichtsturm am Galgenberg wurde saniert und zu einer öffentlich zugänglichen Sternwarte ausgebaut. Faszinierende Einblicke in den Sternenhimmel mit dem Spiegelteleskop.   S. 84

SCHNARCHMUSEUM ALFELD
Alles, was sich die Menschheit bereits gegen das Schnarchen einfallen ließ. Manche der Exponate gleichen eher Folterinstrumenten. Eine kurioses wie lehrreiches Museum, das man sich nicht entgehen lassen sollte.   S. 94

Historische Kulisse und lebendige Großstadt, dörfliche Gassen neben modernen Straßenzügen – es ist gerade diese Unentschlossenheit, die Hildesheim seinen Charme verleiht. Mal scheint sie ihre attraktiven Seiten verbergen zu wollen, trist wirkt manche Einfallsstraße, schmucklos die oft dominierende Nachkriegsbebauung. Im nächsten Moment überwältigt Hildesheim mit einer monumentalen Wucht wie den Welterbe-Bauten Mariendom und St. Michaelis. Zu den populären Zielen gehören auch das Roemer- und Pelizaeus-Museum mit einer der weltweit bedeutendsten Altägypten-Sammlungen und das wiedererrichtete Kno-

chenhaueramtshaus mit seinem vielgesichtigen Fachwerk.

Neben den großen Sehenswürdigkeiten sind es all die kleinen Dinge, die Hildesheim zu einem lohnenden Ziel für einen Tagestrip, den Wochenendausflug oder einen kompletten Urlaub machen. Manchen Hinweis erteilt die Rose als Symbol der Stadt, sodass selbst auf den nüchternsten Gehwegen oft eine geheimnisvolle, romantische Stimmung aufkommt. Es liegt an der Gründungslegende rund um den Tausendjährigen Rosenstock, der an der Apsis des Doms wächst und besonders zur Blütezeit viele Touristen und Einheimische anlockt. Auffallend ist die

In der Universitätsstadt ist immer etwas los

ungewöhnlich hohe Dichte an Kirchen, rund 30 sakrale Bauten gibt es im Stadtgebiet. Sie zeugen von der Bedeutung des 815 gegründeten Bistums bereits im Mittelalter. Die Vergangenheit ist immer nur einen Schritt weit entfernt. Hinter den Fassaden des historischen Marktplatzes verbergen sich moderne Geschäftsbauten, mancherorts stehen Alt und Neu ganz offensiv nebeneinander wie beim Fachwerkerker in der Mühlenstraße, der ein eigenwilliges Ensemble mit einem Rotklinkerbau bildet. Am Kehrwiederwall mit den Resten der alten Stadtbefestigung samt erhaltenen Stadtturm wiederum erinnert kaum etwas an die Neuzeit. Unweit davon lebt die Großstadt in der als Fußgängerzone angelegten Almsstraße mit ihren Kaufhäusern und gläsernen Auslagen auf.

Nicht weit von der Messestadt Hannover entfernt, hat sich Hildesheim als gern genutztes Übernachtungsziel auf Geschäftsbesucher eingestellt, sodass alle Kategorien von Privatzimmern bis hin zu 4-Sterne-Hotels mit entsprechender Gastronomie vertreten sind. Zugleich ist die Universitätsstadt mit derzeit mehr als 7.500 Studierenden ein Ort, an dem unkonventionelle Geschäfte und Kneipen ihren Platz gefunden haben. Die Kulturszene profitiert vom Theater für Niedersachsen, das sogar über eine eigene Musical-Kompanie verfügt. Die Kunstausstellungen im Stammelbachspeicher und im Kehrwiederturm, Konzerte des Kulturrings, Veranstaltungen in der Bischofsmühle, die legendäre „Jazztime" und Auftritte regionaler Künstler bereichern das Tag- und Nachtleben. Erholungssuchende können in den Wallanlagen, am Hohnsensee oder im barocken Magdalenengarten durchatmen. Fest steht also, falls Hildesheim trist erscheint, so ist es allenfalls der erste Blick. Es lohnt sich, genauer hinzusehen.

BARRIEREFREIHEIT

- Gehbehinderte
- Rollstuhlfahrer
- Senioren
- Familien

VERANSTALTUNGS-KALENDER

JANUAR

Hildesheimer Eiszeit Schlittschuhlaufen in der City: Alle Jahre wieder verwandelt sich der Platz An der Lilie (hinter dem Rathaus) für fünf Wochen in eine Winterlandschaft. 700 Quadratmeter Eisfläche, Winterdorf mit Glühweinständen usw., buntes Programm • Mitte Jan.–Mitte Feb.

FEBRUAR

Kindertheaterwoche im Stadttheater Das älteste Kindertheaterfestival Niedersachsens gibt es bereits seit 1992. Schauspiel, Figurentheater, Tanztheater, Dokumentartheater und Musical zum Zuschauen, Zuhören und Mitspielen für Kinder ab zwei Jahren, Jugendliche und alle interessierten Erwachsenen. Anfang Februar • www.tfn-online.de

MAI

Mittelalterliches Seespektakel Liveacts, Hexen und Gaukler am Hohnsensee: Zauberkünstler, Puppenspieler, Falkner und Kunsthandwerker sorgen für ein Flair, das zur spannenden Stadtgeschichte passt. Anfang Mai • www.mittelalterspass.de

Hildesheimer Weinfest Rebensäfte und Gaumenfreuden vor der Kulisse des historischen Marktplatzes. Musik und großes Kulturprogramm. Mitte Mai (immer über Himmelfahrt) • Veranstalter: Hildesheim Marketing GmbH • Tel.: 05121 1798100

Jazztime Hildesheim Das Festival rund um das Stadttheater ist längst Kult. Seit 1979 traditionell zu Pfingsten. Mehr als 100 Musiker aus verschiedenen Nationen. www.hildesheim.de/jazztime

JUNI

Hildesia-Stadtfest Seit 2013 steigt alljährlich diese große Stadtparty, die Tradition und neue Highlights vereint. Zahlreiche Bands und Kapellen spielen auf mehreren Bühnen an verschiedenen Standorten, dazu gibt es Kulinarisches und Unterhaltung von Schaustellern. Namensgeberin des Festes ist Stadtpatronin Hildesia. Programmheft beim Besucherzentrum Welterbe Hildesheim & tourist-information. www.hildesheim.de

Magdalenenfest Freizeit- und Gartenmesse im Ambiente des barocken Magdalenengartens. Kunsthandwerk, Mode und Pflanzen. Anfang Juni • Veranstalter: Initiative Rosenstadt Hildesheim e.V. • www.magdalenenfest-hildesheim.de

Mittsommernacht der Uni Hildesheim Beim legendären Sommerfest in der Domäne Marienburg präsentieren Studierende und Absolventen auf mehreren Bühnen ihre Projekte aus den Bereichen Musik, Theater, Kabarett, Literatur, Tanz und Performance. Bands und DJs, kulinarische Köstlichkeiten. Ende Juni • Veranstalter: Uni-

versität Hildesheim • www.uni-mitt
sommernacht.de

JULI

Django Reinhardt Festival Mit Musik Freundbilder entstehen lassen und Feindbilder abbauen – dafür engagiert sich der Verein Hildesheimer Sinti e.V. bereits seit 2001 mit einem wohl beispiellosen Musikfestival, bei dem Bands verschiedener Länder aufspielen. Das Ambiente trägt zur besonderen Stimmung bei: Veranstaltungsort ist der Innenhof der mittelalterlichen Burganlage Steuerwald. www.festival-django-reinhardt.de

JULI/AUGUST

Open-Air-Musiktage auf dem Marktplatz Besucher des historischen Marktplatzes können sich während der Sommermonate auf musikalische Überraschungen freuen: Zu verschiedenen Terminen spielen Jazzkapellen, Blasmusiker, Rockbands, Shantychöre und Travestiekünstler auf – bereits seit nunmehr zwölf Jahren. www.marktplatz-musiktage.de

Hildesheimer Pflasterzauber Ein Wochenende voller Komik, Musik, Zauberei und Artistik: Das internationale Straßenmusik- und Straßenkunstfestival sorgt bereits zum fünften Mal in Folge für buntes Treiben in der Fußgängerzone. Ende August/Anfang September • Veranstalter: Hildesheim Marketing GmbH • Tel.: 05121 1798100

Citybeach Sand, Palmen, Liegestühle, Strandkörbe und kühle Drinks: Schon so mancher, der den Platz An der Lilie (hinter dem Rathaus) im Sommer entdeckte, soll dafür seine Fernreise storniert haben. Urlaubsflair mitten in der Innenstadt. Juli–August • www.citybeach-hildesheim.de

SEPTEMBER

Lamspringer September Musik, Theater, Bildende Kunst und Literatur auf dem Gelände des Klosters Lamspringe. Räumlichkeiten wie der Alte Schafstall, der Alte Abtsaal, der Kreuzkeller und die Klosterkirche verwandeln sich in besondere Bühnen. Ende August/September • www.lamspringer-september.de

Niedersächsische Musiktage Landesweit Konzerte in ausgesuchten Spielstätten. Hochkarätige Künstler beweisen ihre musikalische Freiheit mit Musik, mit Tanz, Text und Film an außergewöhnlichen Orten. www.musiktage.de

Bauernmarkt Markt mit Erzeugnissen aus urbäuerlicher Produktion Ende September in der gesamten Innenstadt.

OKTOBER

Light-Night-Shopping Die Geschäfte laden mit zahlreichen und teils spektakulären Lichtinszenierungen zum Shopping bis Mitternacht.

DEZEMBER

Hildesheimer Weihnachtsmarkt Märchenhafter geht es kaum: Budenzauber vor historischen Fassaden. Rund um das Rathaus festliche Stimmung, weihnachtliche Düfte, Kleinkunst und kulinarische Spezialitäten. Ende November–Ende Dezember • Mo.–So. 11–20 Uhr

TIPP Die aktuellen Termine sind im Veranstaltungskalender der Stadt Hildesheim unter www.hildesheim.de/veranstaltungen zu finden. Direkt vor Ort hilft die tourist-information in der Rathausstraße (Tempelhaus) gern weiter. (S. 137)

DIE ROSE
ALS SYMBOL DER STADT

Hildesheim blüht – im Frühjahr wortwörtlich, wenn die hellgelben, weißen, rosafarbenen und roten Blüten vor den Fassaden leuchten, doch selbst im tiefsten Winter begegnet man der Rose in dieser Stadt häufig. Sie schmückt zahlreiche Vorgärten im **Fachwerkviertel** (S. 38) und anderen Wohngegenden, dient zur Orientierung und sorgt für besondere Begegnungen. Für die Bürger ist es mehr als eine Pflanze. Der **Tausendjährige Rosenstock** (S. 64) im Kreuzgang des Doms steht für den Ursprung des Bistums Hildesheim und die Sage um ein Reliquienwunder. Seine Wurzeln überdauerten selbst unter dem Schutt des Krieges und brachten neue Triebe hervor. Seither gilt die Rose als Symbol für Wiederaufbau und Wohlstand. „Solange sie blüht, lebt unsere Stadt", sagen die Hildesheimer.

In den 1950er-Jahren wurde am neuen **Marktplatz** (S. 22) das **Hotel Rose** errichtet, dessen „Ästhetik" jedoch nur vorübergehend Geschmack in der Bevölkerung fand. Seinen Platz nahmen ab 1984 historische Bauten ein. Heute verbindet man hier nur noch Schönheit mit der Rose, die an vielen Plätzen zu finden ist. Beim **Magdalenengarten** (S. 71) hat Hildesheim ihr sogar ein eigenes **Museum** gewidmet. Über dem Garten schwebt zur Blütezeit ein süßer Duft: Das **Rosarium** im Zentrum der ehemaligen Klosteranlage zählt zu den größten Rosenanpflanzungen Niedersachsens.

Keramikfliesen mit Rosen auf dem Pflaster leiten durch die Fußgängerzone und verschiedene Hildesheimer Straßen. Wer die bedeutendsten Sehenswürdigkeiten der Stadt auf einem Rundweg kennenlernen möchte, braucht nur den insgesamt 21 Blüten zu folgen. Die **Hildesheimer Rosenroute** beginnt am historischen Marktplatz mit dem Knochenhaueramtshaus und weiteren sehenswerten Bauten. Über das Fachwerkviertel und einen Teil der Wallanlagen führt sie schließlich zu den UNESCO-Welterbestätten Dom und St. Michaelis. Die gesamte Strecke beträgt etwa fünf Kilometer. Sie setzt sich aus der Basisroute „Markt und Welterbe" sowie drei möglichen Erweiterungen zusammen.

Die Rose führt zu den schönsten Sehenswürdigkeiten der Stadt

Ein passendes Mitbringsel ist in Hildesheim schnell gefunden. Die Rose ziert Tassen, Regenschirme und andere Dinge, auch Spezialitäten wie Rosenmarmelade sind im Shop des **Besucherzentrums Welterbe Hildesheim & touristinformation** (S. 137) oder weiteren Souvenirläden erhältlich. Seit Sommer 2011 gibt es obendrein einen regionalen Rosenlikör. „Der Hildesheimer" entstammt Rosengewächsen, die im Leinebergland auf ökologische Weise angebaut werden. In einschlägigen Lokalen können die Gäste mit einem „Rosencocktail" anstoßen.

Der Romantik der Blume kann man sich in Hildesheim kaum entziehen, Verliebte und Naturfreunde finden manch lauschiges Plätzchen in den Grünanlagen der Stadt. Im Ernst-Ehrlicher-Park ist das **Rosenlabyrinth** (S. 78) ein Platz für erwartete und zufällige Begegnungen. Hier verbindet sich die für den immerwährenden Neubeginn stehende Blüte mit der Botschaft des Labyrinths, dessen Wege stets zurück zum Anfang führen. Verständlich, dass das Engagement der Bürger groß ist, die Blütenpracht der Stadt zu erhalten: Die 1989 gegründete Roseninitiative Hildesheim e. V. kümmert sich um das Schöne im Grünen und hat schon für manche Anpflanzung gesorgt.

UNESCO-WELTERBE IN HILDESHEIM

Gleich drei Bauwerken in Hildesheim und Umgebung hat die UNESCO diesen Titel verliehen, der sie zu Kulturgütern von herausragender universeller Bedeutung erhebt – so lautet ein Teil der offiziellen Definition. Ausschlaggebend für die Aufnahme in die Welterbeliste, die im Jahr 2017 insgesamt 1.073 Natur- und Kulturstätten verzeichnete, sind die Kriterien Einzigartigkeit, historische Echtheit und Unversehrtheit.

Der Hildesheimer **Mariendom** (S. 59) und die **Kirche St. Michaelis** (S. 68) wurden bereits 1985 zu Weltkulturerbe-Stätten ernannt. Über die Burgstraße miteinander verbunden, liegen die beiden Bauten in unmittelbarer Nachbarschaft. Auch im geschichtlichen Kontext sind sie eng miteinander verbunden. So bietet das Ensemble ein in dieser Form wohl weltweit einmaliges Beispiel für die Gestaltung eines romanischen Kirchenraumes. Bischof Bernward, der in jungen Jahren die Domschule besuchte, prägte die Entwicklung des Bistums Hildesheim maßgeblich. Er ließ den Grundstein für St. Michaelis legen und verlieh dem Dom seine bedeutendsten Kunstschätze.

Erster Industriebau der Moderne: das Fagus-Werk in Alfeld

Die **Kunstschätze des Doms** (S. 60) waren es auch, die die UNESCO überzeugten. Darunter die berühmte Bernwardtür und die ebenfalls im Namen Bischof Bernwards gefertigte Christussäule, der Heziloleuchter, der goldene Epiphaniusschrein und der reich bestückte Domschatz. Für fast fünf Jahre war der Mariendom Deutschlands größte Kirchenbaustelle. Am 15. August 2014 feierte Hildesheim stolz die Wiedereröffnung. Auch das im Frühjahr 2015 wiedereröffnete Dommuseum wurde umfangreich neu gestaltet und erweitert. In das Tempelhaus am historischen Marktplatz zog das Besucherzentrum Welterbe Hildesheim ein – mit einer kostenlosen, interaktiven Multimediapräsentation.

St. Michaelis verdankt ihre Aufnahme in die UNESCO-Liste ihrer einmaligen Architektur, in der sich Würde, Harmonie und Dominanz vereinen. Die sogenannte „Gottesburg" gilt als eine der schönsten frühromanischen Kirchen Deutschlands. Bischof Bernward ließ sie ab 1010 als Klosterkirche errichten. Der Kirchensaal beherbergt eine kunstgeschichtliche Besonderheit: Das auf einer Holzdecke gefertigte Gemälde aus dem 13. Jh. zeigt u. a. den Stammbaum Christi.

Völlig anderer Art ist der dritte Kulturerbe-Bau, der sich im nahe gelegenen Alfeld (ca. 30 km) befindet: Im Juni 2011 wurde das **Fagus-Werk** (S. 93) als erster Industriebau der Moderne in die UNESCO-Liste aufgenommen. Entworfen wurde es von dem damals noch unbekannten Architekten Walter Gropius, der später als Begründer der Bauhaus-Schule in die Geschichte eingehen sollte. Mit der Leichtigkeit vermittelnden Konstruktion schuf er ein völlig neuartiges Fabrikgebäude und ebnete einer neuen Stilrichtung den Weg.

Carl Benscheidt gründete die Fabrik im Jahr 1911. Beim Namen ließ er sich vom lateinischen Wort „Fagus" für Buche inspirieren. Denn die Schuhleisten, die das Werk bereits damals produzierte, bestanden bis in die 1970er-Jahre aus Buchenholz. Heute gehören Holzverarbeitung und Maschinenbau zu den Hauptproduktionsbereichen der noch immer aktiven Firma, die inzwischen Fagus-GreCon GmbH heißt. Besucher sind willkommen!

IM GRÜNEN DURCH HILDESHEIM

Es fällt in Hildesheim nicht schwer, Sightseeing mit Erholung zu verbinden. Sehenswerte Bauten und grüne Oasen liegen oft dicht nebeneinander oder stehen in einem historischen Kontext. So lässt sich die Stadt als Festung erkunden, über das teils noch vorhandene System aus Wällen und Gräben, ausgehend vom Liebesgrund im Nordwesten bis hin zum südöstlich gelegenen **Kehrwiederwall** (S. 76).

Oft wandelt man auf geschichtsträchtigen Pfaden, die im Laufe der Zeit ein neues Gesicht erhielten. Im barocken **Magdalenengarten** (S. 71) ließ Landschaftsarchitekt Dr. Hans-Joachim Tute die ehemaligen Proportionen wieder aufleben. Auf dem Fundament der Bischofsmühle entstand ein Kultur-

zentrum, davor nutzen Kanufreunde die vorbeirauschende Innerste zu Trainingszwecken, für Spaziergänger ein beliebter Platz zum Innehalten und Zuschauen. Der im 13. Jh. von Mönchen bewirtschaftete Garten des ehemaligen Klosters St. Godehard wurde im 20. Jh. in eine öffentliche Parkanlage umgewandelt. Als **Ernst-Ehrlicher-Park** (S. 78) ist er heute Passage und Ziel zugleich, hier kreuzen sich Wege, die um die Stadt oder noch weiter ins Grüne führen.

Der nahe gelegene **Hohnsensee** (S. 78) wiederum wurde künstlich angelegt. Rund um die ca. 95.000 Quadratmeter große Wasserfläche gibt es viel Raum zum Durchatmen samt Freibad, Badestrand und Liegewiesen. Südlich davon verläuft die Innerste weiter durch die Land-

Der Uhu wacht über das Wildgehege am Steinberg

schaftsschutzgebiete „Lönsbruch" und „Am roten Steine" mit guten Wandermöglichkeiten. In dem ehemaligen Sumpfgebiet ließ Bischof Heinrich III. im Jahr 1346 eine Wasserburg bauen, deren Gemäuer noch teilweise in der **Domäne Marienburg** (S. 82) erhalten sind. Das heute von der Stiftung Universität Hildesheim genutzte Anwesen ist eines der lohnenden Tagesziele im Stadtbereich.

Bis zum nächsten Wald sind es oft nur wenige Schritte. Im Westen liegen das **Berghölzchen** und der **Steinberg** (S. 79) unmittelbar am Rande der Wohngebiete, neben gepflegten Spazierwegen locken der Panoramablick und ein Wildgehege. Weiter stadtauswärts erstreckt sich der **Hildesheimer Wald** mit Ausflugsmöglichkeiten wie dem Kloster Marienrode. Im Osten ist der **Galgenberg** (S. 83) ein schönes Naherholungsziel, dessen Pfade zu mehreren historischen Stätten führen: Hier stieß der Musketier Armbrecht im Jahr 1868 auf den legendären „Hildesheimer Silberfund", hier bietet der Bismarckturm eine schöne Aussicht über die Stadt. Die Sternwarte im Gelben Turm macht Einblicke in den Abendhimmel möglich.

Auch innerhalb der City findet sich so manch ruhiges Plätzchen. Sei es der von historischen Mauern umgebene **Domhof** (S. 58) mit seinen Schatten spendenden Bäumen, der **Godehardsplatz** mit Blick auf Fachwerkhäuser und reich bepflanzte Vorgärten oder der grüne Hügel, auf dem die St.-Michaelis-Kirche thront, immer wieder laden Parkbänke zum Verweilen, beschauliche Gassen zum Innehalten ein. Auch auf die weniger bekannten Oasen sollte der Besucher achten: Der **Johannisfriedhof** unterhalb der Dammstraße und der **Marienfriedhof** nahe des Bahnhofs werden bereits seit dem 19. Jh. nicht mehr als solche genutzt. Sie wandelten sich zu Grünanlagen, die mit ihrem altem Baumbestand, Blumenwiesen und historischen Grabsteinen ein besonders malerisches Bild ergeben. Der wohl friedvollste Ort Hildesheims liegt im Kreuzgang des Mariendomes, besonders, wenn der Tausendjährige Rosenstock in voller Blüte steht.

HILDESHEIM
MIT DEM RAD ENTDECKEN

Entlang der Innerste, durch die Grünanlagen oder innerhalb der City, viele Seiten der Bischofsstadt lassen sich mit dem Rad entdecken. Auch das Wegenetz im Umland ist gut erschlossen, zumal Hildesheim am Knotenpunkt mehrere Themen- und Fernradwanderwege liegt. Da wäre zunächst der **Hildesheimer Ring**, der auf einer Strecke von 45 Kilometern einmal rund um die Stadt führt, entlang der schönsten Nahziele – darunter die Paltrock-Mühle in Asel, die Sternwarte auf dem Galgenberg, Domäne Marienburg, Kloster Marienrode, der Hildesheimer Wald, die Haseder Schwefelquelle und das Landschaftsschutzgebiet Haseder Busch. Auch bei Einheimischen ist dies eine Route, die gerne für den Sonntagsausflug genutzt wird. Es empfiehlt sich, den „Hi-Ring" im Uhrzeigersinn zu befahren, so sind die Steigungen kürzer und die Abfahrten länger.

Fast 60 Kilometer Kunst und Kultur gibt es auf dem **Radweg zur Kunst** (S. 99), in dessen ersten Drittel Hildesheim liegt. Die gesamte Strecke verläuft von Sarstedt bis Bad Gandersheim und gliedert sich in die fünf Teilabschnitte Wasser-Kunst-Weg, Romanik-Weg, Kontakt-Kunst-Weg, Kunst-beWEGt und Skulpturenweg. Am Rande der gut befahrbaren Strecke befinden sich historische Bauten, Kunstobjekte und Besonderheiten der Natur. Wer noch weiter fahren möchte, kann dies ab Bad Gandersheim nahtlos tun: Hier schließt sich der Europaradweg R1 (Calais–St. Petersburg) an.

Der „Radweg zur Kunst" ist ein Highlight im Hildesheimer Land

Durch die Region Hildesheim verlaufen 55 Kilometer des **Leine-Heide-Radwegs**. Dieser Fernradweg (Gesamtstrecke 409 km) verbindet die Quelle der Leine bei Leinefelde mit der Hansestadt Hamburg. Neben der Landschaft lassen sich auf diese Weise Orte in der Umgebung Hildesheims erkunden, etwa das Schloss Marienburg bei Nordstemmen oder die Stadt Alfeld mit dem UNESCO-Welterbe Fagus-Werk. Auch der Innerste-Radweg und die „Kulturroute" führen durch Hildesheim.

Ein weiterer Fernradweg, der sich derzeit noch teilweise im Aufbau befindet, ist der Radweg **Berlin–Hameln** (380 km). Im Landkreis Hildesheim und in Richtung Hameln ist die Strecke bereits komplett beschildert, hier weisen Rattenfänger als Symbolfigur Hamelns den Weg. In einigen Abschnitten können Radfahrer zwischen der roten „Normal"-Route und der blauen „Heavy"-Route wählen. Die eine ist durchgehend asphaltiert, wofür teils etwas Autoverkehr in Kauf genommen werden muss, bei der anderen geht es auch mal durch Sandwege – entsprechend näher ist die Natur. Der regionale Streckenabschnitt dieses Fernradweges führt zum Teil durch die südliche Hildesheimer Börde.

Für Radreisende hat Hildesheim einen besonderen Service eingerichtet: Unter den Arkaden der Stadtverwaltung (historischer Marktplatz) stehen **Einstellboxen**, in denen Fahrräder ein sicheres, trockenes Plätzchen finden. Weitere Infos und Schlüssel für die Fahrradboxen sind in der touristinformation erhältlich, die auch einen **E-Bike-Verleih** (S. 137) anbietet. Auch in anderer Hinsicht zeigt sich die Stadt radfahrerfreundlich. So haben sich einige Unterkünfte speziell auch auf Radler eingestellt. Der Allgemeine Deutsche Fahrrad-Club, Kreisverband Hildesheim e. V. (ADFC) bietet geführte Touren und Touren-Guides zum Download an (auch für Nichtmitglieder).

ADRESSE ADFC Hildesheim e.V.
• Am Ratsbauhof 1 c • Tel.: 05121 130666 • www.adfc-hildesheim.de

FAMILIENSPASS IN UND UM HILDESHEIM

Von Langeweile keine Spur: Mit zahlreichen Spielplätzen im Stadtgebiet hat Hildesheim sich auf den Nachwuchs eingerichtet. Neben verschiedensten Spielgeräten gibt es allerlei Besonderes zu entdecken. So stehen auf den Plätzen an der Richthofenstraße und am Bismarckplatz aus Baumstämmen geschnitzte Holzskulpturen, und der pädagogisch betreute **Aktiv-Spielplatz AKKI** (S. 134) ist teilweise in einem ehemaligen Bauernhauses untergebracht. Auf rund 10.000 Quadratmeter Freifläche darf dort (unter Aufsicht) Feuer gemacht, mit Wasser gespielt und nach Herzenslust gematscht, gehämmert und getobt werden. Bei Regen lockt der (kostenpflich-

tige) **Indoorspielplatz Hoppla-Hopp** (S. 134) in der Kruppstraße. Die Großen zieht es eher zum **Skaterpark** (S. 135) am Philosophenweg; beliebte Treffpunkte sind auch die Rollschuhbahn an der Steingrube, die BMX-Strecke An der Innerste-Au sowie die zahlreichen Ball- und Bolzplätze. Auch in und um die städtischen Grünanlagen finden sich Gelegenheiten zum Inline-Skaten oder Beisammensein, besonders rund um den Hohnsensee mit dem **Freibad Johanniswiese** (S. 134). Schön für die Großen: Das zugehörige Strandbad lädt an Sommerabenden zum Chillen ein. Bei schlechtem Wetter, aber auch an schönen Tagen, gibt es für viele Hildeshei-

Familienspaß im Freizeitpark Sottrum

mer Familien vor allem eine Adresse: In der Bischof-Jansen-Straße macht das **Wasserparadies** (S. 135) seinem Namen alle Ehre. Das Frei- und Hallenbad bringt es auf insgesamt 1.600 Quadratmeter Wasserfläche. Im Erlebnisbereich locken der Strömungskanal, eine 70-Meter-Rutsche mit „schwarzem Loch" (samt Lichteffekten), eine Steinwandrutsche und Wasserkanonen, für die Kleinsten gibt es Wasserspiele. Entspannung bieten eine große Saunalandschaft, Massagebecken und Whirlpools. Ebenfalls toll für die ganze Familie: Seit 2016 ist der Ortsteil Drispenstedt um eine Disc-Golf-Anlage reicher. Eltern mit Wanderbedürfnis und protestierendem Nachwuchs finden z. B. am **Steinberg** (S. 79) Kompromisse: Im Wildgehege machen Reh, Hirsch, Waschbär, Eulen & Co. den Waldausflug schnell schmackhaft. Auch der Spazierweg entlang der **Bischofsmühle** lässt sich spannend gestalten, wenn man zur richtigen Zeit kommt: Das Wildwassertraining der Kanuten ist auch für Zuschauer ein Erlebnis. Und wer findet als Erster den Weg durch das **Rosenlabyrinth** im Ernst-Ehrlicher-Park (S. 78)?

Mehrere Freizeitparks verteilen sich im Umland: Nur wenige Autobahnabfahrten (A 7) sind es bis zum Heidepark Soltau (www.heide-park.de) mit der berühmten Holzachterbahn. In Richtung Hameln liegt das **Rasti-Land** (S. 103), bei Salzhemmendorf die Kids-Dinoworld (www.kids-dinoworld. de). Im Serengeti-Park Hodenhagen (www.serengeti-park.de) geht es auf Safari, in Hannover in den Erlebnis-Zoo (www.zoo-hannover. de). Ein kleines Juwel befindet sich in Sottrum bei Holle: Der **Familienpark Sottrum** (S. 98) entführt in originelle Abenteuerwelten und offenbart Geheimnisse der Natur. Andere Ausflugsziele gefallen der ganzen Familie. Wie wäre es mit einem Blick in den Sternenhimmel im **Gelben Turm** (S. 84), einem Besuch im **Schnarchmuseum** (S. 94) oder einer Reise in die Ritterzeit? Im **Hildesheimer Stadtmuseum** (S. 28) zeigt „Familie Lautensack", wie es sich im Mittelalter lebte. Kleine Prinzessinnen bekommen im **Schloss Marienburg** (S. 100) große Augen.

RUND UM DEN MARKTPLATZ

Beinahe wie eine Filmkulisse mutet der von aufwendig rekonstruierten Bauten gerahmte Platz an, viel Gold, viel Stuck, berühmtes Fachwerk. Inschriften und Bilder verraten manches über Hildesheims bewegte Geschichte, ein Besuch im Stadtmuseum liefert Hintergründiges und Anschauliches, unter den Arkaden des Rathauses starten die Stadtführungen. Ob der Besucher sich nun in die Details vertieft oder das Ambiente bei einem Kaffee auf sich wirken lässt, um anschließend in der benachbarten Almsstraße zu shoppen, ein Bummel durch das neue, alte Zentrum gehört unbedingt dazu. Von der Spitze des St.-Andreas-Kirchturms lässt sich das Treiben aus einer ganz besonderen Perspektive betrachten.

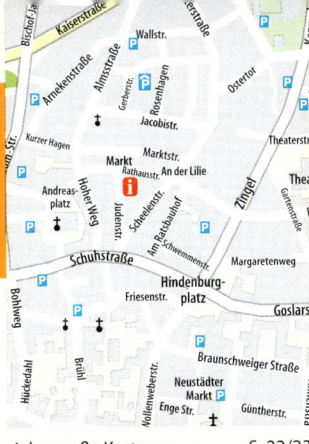

siehe große Karte   S. 22/23

SEHENSWERTES

Knochenhaueramtshaus und Stadtmuseum Außen eine der berühmtesten Fachwerkfassaden, innen Informatives zur Hildesheimer Geschichte: Dieses Haus lohnt sich gleich doppelt.   S. 27 **4**

Umgestülpter Zuckerhut Das kurioseste Fachwerkhaus der Welt beherbergt eine Schokoladenmanufaktur und eine Kaffeerösterei.   S. 32 **10**

St-Andreas-Kirchturm Der höchste Kirchturm Niedersachsens bietet den schönsten Ausblick über Hildesheim.   S. 35 **15**

Der Huckup An diesem Denkmal geht kein Apfeldieb mit gutem Gewissen vorbei.   S. 37 **17**

Der „Huckup"

GASTRONOMIE

Alte Münze Italienische Spezialitäten am Vorplatz der St.-Andreas-Kirche.   S. 111 **4**

Pfannkuchenhaus-Antik-Café Süßes konsumieren und sich mit einem wohligen Seufzer auf Omas Sofa niederlassen.   S. 113 **15**

EINKAUFEN

Arneken-Galerie Shoppingtempel in der Innenstadt mit Archäologie-Pfad.   S. 119 **2**

El Puente Weltladen Das Geschäft gab es schon, bevor Fair Trade zum Trendbegriff wurde.   S. 119 **5**

ÜBERNACHTUNG

Van der Valk Hotel Hildesheim Das Hotel am historischen Marktplatz.   S. 123 **3**

Hotel Bürgermeisterkapelle Direkt hinter dem Rathaus gelegen.   S. 124 **6**

SEHENSWERTES

1 HISTORISCHER MARKTPLATZ   S. 22

Der von schmucken Bauten gesäumte Platz ist der Mittelpunkt des Hildesheimer Lebens. Jedes Bauwerk, jede Fassade erzählt eine eigene Geschichte. Man trifft sich auf einen Kaffee und atmet die Atmosphäre vergangener Jahrhunderte. Hier befinden sich das Rathaus und, im Tempelhaus (S. 30), seit 2015 das neue Besucherzentrum Welterbe Hildesheim & tourist-information, die Redaktion der Tageszeitung und ein 4-Sterne-Hotel. Die Tradition der von Zünften und Gilden geprägten Handwerkerstadt spiegelt sich in vielen Bauwerken und Straßennamen wider. Dazu gehören z. B. das Knochenhauer- und das Bäckeramtshaus sowie die südlich des Marktes verlaufende Schuhstraße. Der Markt entstand Mitte des 13. Jh.s, als sich die zwischen Domburg und Michaeliskirche bereits gewachsene Kaufmannssiedlung weiter in Richtung Osten ausdehnte: Nach dem Bau der eigenständigen Pfarrkirche St. Andreas hatte der alte Markt an wirtschaftlicher Bedeutung verloren. Rund um den Andreasplatz entfaltete sich ein neues Zentrum, das sich schließlich weiter nach Nordosten verlagerte und zur Entstehung des neuen Marktplatzes führte.

Bei einem Luftangriff am 22. März 1945 wurde die Hildesheimer Altstadt fast völlig zerstört. Im Zuge des Wiederaufbaus entschied sich die Mehrheit der Bürger per Post-karten-Befragung (1953) für einen größeren, modernen Marktplatz. Doch die nackten Betonfassaden und der klotzige Bau des „Hotel Rose" fanden keinen Gefallen. Ab den 70er-Jahren setzten sich Bürgerinitiativen für die Rekonstruktion der historischen Fassaden ein. Mit Erfolg: Von 1984 bis 1989 erhielt der Marktplatz weitgehend sein ursprüngliches Gesicht zurück.

Bus: Haltestellen Schuhstraße (Linien 1, 2, 4, 5, 6) und Rathausstraße (Linien 1, 5) • Wochenmarkt: Mi./Sa. 6–14.30 Uhr (bei Großveranstaltungen auf dem Andreasplatz) • 🚶 ♿ 👪 🎭

2 RATHAUS   S. 22

Das Rathaus mit dem charakteristischen Treppengiebel ist der Blickfang an der Ostseite des Marktes. Erstmals wurde es im 13. Jh. errichtet. Als Bausubstanz diente Sandstein aus einem Bruch des stadtnahen Steinbergs. Aus dieser Zeit stammen der Gewölbekeller und ein Teil des aufragenden Mauerwerks. Im Zeitraum 1883 bis 1892 gestalte Stadtbaumeister G. Schwartz das Rathaus im neugotischen Stil. Neben dem Tempelhaus ist es das einzige Gebäude am Platz, das im Zweiten Weltkrieg nicht völlig zerstört wurde. Die Schäden aber waren erheblich. Beim Wiederaufbau (1950–54) wurde die Substanz erhalten und die Optik angepasst: Ein barocker Uhrturm z. B. musste weichen, und der ursprünglich hinter einem Vor-

Marktbrunnen vor dem Rathaus ▶

DIE SAGE UM DAS GARNMASS

An der nördlichen Seite des Rathauses fällt eine mittelalterliche Inschrift auf: „Dut is de garen mathe" – Dies ist das Garnmaß, steht dort in den Stein gemeißelt. Die Worte verweisen auf die seinerzeit übliche Methode, Längen mit Leinengarn zu messen, wobei die Einheiten „Faden" und „Lop" verwendet wurden. Ein Lop entsprach 1.000 Wickelungen (= Faden) auf der Haspel, jenem radähnlichen Gerät, das z.B. beim Spinnen verwendet wurde. Ein Faden hatte dabei die Länge von vier Ellen. Die Länge wurde geprüft, indem man den gewickelten Faden mit beiden Daumen auseinanderzog, wobei sich die halbe Länge (zwei Ellen) ergab. Es heißt, dass die heutige Länge der Inschrift (ca. 84 cm) diesem Garnmaß entspricht. Da die Maßangaben seinerzeit regional sehr unterschiedlich ausfielen, lässt sich dies jedoch nur bedingt prüfen.

Laut einer Hildesheimer Sage stammt der Spruch von einem Tuchhändler, der beim Einkauf ein längeres Maß verwendete als beim Verkauf. Nach seinem Tode erschien der Betrüger, der sich in der Hölle quälte, seiner Frau im Traum. Er beschwor sie, am Markt fortan das korrekte Maß zu verwenden, und feuerte dieses mit den Worten „Dut is de garen mathe!" auf den Tisch. Am nächsten Morgen entdeckte die Gattin an der Stelle einen Spalt im Holz, der genau dem Garnmaß entsprach. Als der Magistrat der Stadt von dem Ereignis erfuhr, wurden die Worte in eben dieser Länge am Rathaus verewigt – als Sinnbild für ehrlichen Handel.

sprung liegende Arkadenbogen wurde in die Fassade integriert. Im Innenbereich gelang eine Verbindung von traditionellen Bestand und zeitgemäßem Ausbau.

Das Bauwerk gilt als eines der ersten erhaltenen Rathäuser in Nordeuropa. Es lohnt der Blick auf die vielen Details. In der Öffnung an der Spitze des Giebels verbirgt sich ein kupferner Bläser, der täglich um 12 Uhr herauskommt und die Fanfare ertönen lässt. Am linken Gebäudeflügel befindet sich ein Glockenspiel. Die rechte Frontseite zieren Wappen der Stadt bzw. des Stiftes Hildesheim. Das „Garnmaß" (siehe Kasten) erinnert an das Messinstrument der Kaufleute. Über die Geschichte des Rat-

hauses und benachbarter Bauten informieren Metallreliefs, die an der Wand unter den Arkaden angebracht sind. Sie enthalten auch Erläuterungen in Blindenschrift.

Markt 1 • Tel.: 05121 3010 • Glockenspiel Mo.–So. 12/13/17 Uhr, an Markttagen auch 9 Uhr

3 MARKTBRUNNEN   S. 22

Vor dem Rathaus steht ein Renaissance-Brunnen, der dem Feuersturm im Zweiten Weltkrieg trotzte. Die Motive auf dem achteckigen Brunnenbecken wurden nach Holzschnitten des Künstlers Georg Pencz in den Sandstein gemeißelt. Sechs der acht Tafeln zeigen Figuren aus dem Alten Testament. Auf den beiden anderen Tafeln sind

Engel und Wappen zu sehen; die Wasserspeier spiegeln Mythen der Antike wider: Über vier Satyrköpfen sind tanzende Waldgötter und Nymphen zu sehen. Im Kontrast dazu steht die mittelalterliche Figur auf der Brunnensäule. Aufgrund des Standorts und weil sie eine Rüstung trägt, wird das Objekt mitunter „Rolandbrunnen" genannt. Echte Roland-Darstellungen, wie sie vor manchen Rathäusern (z. B. in Bremen) zu finden sind, zeigen jedoch einen Ritter mit Richtschwert – als Symbol für eigene Gerichtsbarkeit und städtische Unabhängigkeit. Die Figur auf diesem Brunnen hält jedoch eine Lanze. Anderen Quellen zufolge soll sie den Hildesheimer Senator Johann-Erasmus Roland (1696–1769) verkörpern. Dagegen wiederum spricht die Tatsache, dass der Brunnen bereits im Jahr 1540 gestaltet wurde. Die Mittelfigur entstand zwar etwas später (1545), jedoch lange vor Lebzeiten Senator Rolands. Der Hildesheimer Marktbrunnen wurde mehrfach restauriert und Mitte der 1980er-Jahre komplett rekonstruiert.

4 KNOCHENHAUER-AMTSHAUS S. 22
TOP-TIPP

Das Fachwerkhaus mit seiner dominanten, stufenartig vorspringenden Dachstruktur gehört zu den berühmtesten Sehenswürdigkeiten der Stadt. Davor stehend könnte man sich in den Details des überaus reich verzierten Gebäudes verlieren. Es erzählt von den Zünften („Ämtern"), in denen sich die Hildesheimer Handwerker ab dem 13. Jh. organisierten. Die aufstrebenden Knochenhauer – so hießen seinerzeit die Fleischer – errichteten ihr Domizil im Jahr 1529 gegenüber dem Rathaus.

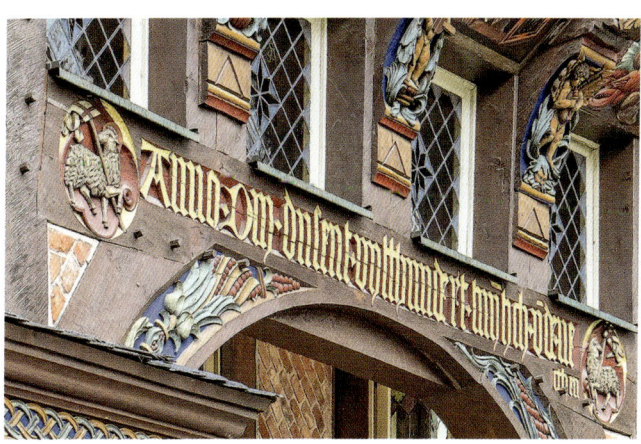

Kunstvolle Details am Knochenhaueramtshaus

Es diente ihnen als Verkaufshaus, Lager und Versammlungsstätte. Nach seiner völligen Zerstörung wurde das Gebäude zunächst Geschichte: Seinen Platz nahm ab den 1950er-Jahren das moderne „Hotel Rose" ein. Die Wende kam rund 30 Jahre später, als das Unternehmen Konkurs anmelden musste: Mit Gemeinsinn und Spendenbereitschaft konnten die Bürger die Wiederherstellung „ihres" alten Hildesheim durchsetzen. Ab 1986 wurde das Knochenhaueramtshaus zusammen mit dem angrenzenden Bäckeramtshaus komplett rekonstruiert. Die Innenwände z. B. wurden (wortwörtlich „fachgerecht") mit Lehmziegeln ausgemauert. Auch viele Details wie die Bildhauer- und Schnitzarbeiten an der Frontseite entsprechen dem Original. Sie waren seinerzeit von verschiedenen Meistern in Stilrichtungen der Gotik und der Renaissance gefertigt worden. Die Rekonstruktion erfolgte nach Tonmodellen, deren Stilsicherheit ausführlich geprüft wurde, bevor die Bildwerke ihren Platz im Holz fanden. Weil Details der nördlichen Fassade nicht hinreichend dokumentiert sind, wurde dieser Gebäudeteil mit zeitgenössischen Malereien gestaltet. Die Motive zeigen Krieg und Zerstörung und sind damit ein Mahnmal gegen das Vergessen. Dabei wird deutlich, wie dicht Pracht und Leid beieinander lagen. „Krieg, Feuer und die Zeit verlacht der Häuser Herrlichkeit", lautet einer der auf Vertäfelungen eingravierten Reime. Ein Teil der bewegten Stadtgeschichte ist nur wenige Stiegen weiter entfernt: In den oberen Geschossen des Knochenhaueramtshauses befindet sich das Hildesheimer Stadtmuseum. Im Erdgeschoss bietet ein uriges Restaurant Schnitzel & Co. zwischen historischem Gebälk. Markt 7 • www.knochenhaueramts haus.com

5 STADTMUSEUM   S. 22

Es lohnt sich, nach dem Eingang zu fragen, der sich in der Gaststätte des Knochenhaueramtshauses versteckt: Das liebevoll gestaltete Stadtmuseum lädt vielerorts zum Mitmachen ein und ist daher auch für Kinder ein Erlebnis. Der Besucher begibt sich auf eine Zeitreise, die über fünf Etagen führt. Im ersten Stockwerk gibt es wechselnde Sonderausstellungen zu verschiedenen Hildesheimer Themen. Ab der zweiten Etage beginnt die Dauerausstellung mit der Ur- und Frühgeschichte und dem legendären „Hildesheimer Silberfund" (siehe Kasten). Wer noch weiter hinaufsteigt, gelangt über das Mittelalter in die Epoche der Industrialisierung. Im höchsten Stockwerk wird das fürstbischöfliche Silbergeschirr präsentiert. Es zählt zu den bedeutendsten komplett erhaltenen Rokoko-Services in Deutschland. Sehenswert ist auch das Gebäude selbst: An vielen Balken informieren Sprechblasen mit Texten über den Namen und die Funktion der einzelnen Fachwerk-

DER HILDESHEIMER SILBERFUND

Am 17. Oktober 1868 machte der Musketier August Armbrecht am stadtnahen Galgenberg eine Entdeckung, die in die Hildesheimer Geschichte eingehen sollte. Bei Grabungen für einen Schießstand des 3. Hannoverschen Infanterie-Regiments stieß er in rund zweieinhalb Metern Tiefe auf verzierte Metallgegenstände. Der Fund erwies sich als römisches Tafelsilber. Es stammte aus der Zeit um Christi Geburt und umfasste rund 60 Teile. Bei den im Stadtmuseum ausgestellten Stücken handelt es sich um Nachbildungen. Die Originale befinden sich in der Antikensammlung der Staatlichen Museen zu Berlin.

Armbrecht lebte im heute eingemeindeten Ortsteil Himmelsthür. Der Chronik zufolge erhielt er 10.000 Taler Finderlohn und ein Anerkennungsschreiben von Kaiser Wilhelm I. Ein Blick in den Hildesheimer Stadtplan zeigt, wo sich das Ereignis abspielte: Die Silberfundstraße im Südosten führt in Richtung Galgenberg. Ein Monument am Ende der Straße weist die Nähe zur Fundstelle aus. In Himmelsthür gibt es obendrein die zu Ehren Armbrechts benannte Silberfinderstraße, in der sich auch die Gaststätte „Zum Silberfund" befindet. Der Gefreite höchstselbst soll sie damals mithilfe des Finderlohnes gegründet und schließlich seinem ältesten Sohn vermacht haben.

teile. Im obersten Stockwerk sind Elemente der alten Originalkonstruktionen einiger Hildesheimer Häuser ausgestellt. So führt der Rundgang bis unter den Hahnenbalken des berühmten Fachwerkhauses und bietet ein anschauliches Beispiel authentischer Baukunst.

Markt 7 • Tel.: 05121 2993685 • www. stadtmuseum-hildesheim.de • Di.–So. 10–18 Uhr, an Feiertagen und für größere Gruppen auch Mo. geöffnet • 🚻

6 BÄCKERAMTSHAUS S. 22

Links neben den Knochenhauern errichteten die Bäcker ihr Zunftgebäude. Mit seiner gleichmäßigen Form und vergleichsweise geringen Höhe bildet es einen Kontrast zum Nachbarhaus, obwohl die Bauten fast zeitgleich entstanden. Dies ist wohl auch auf mehrfache Neugestaltungen im Laufe der Jahrhunderte zurückzuführen: Der Grundstein des Bäckeramtshauses wurde bereits im Jahr 1451 gelegt, die heutigen Proportionen stammen jedoch aus dem Jahr 1825. Das Fachwerk ist mit Backsteinen gefüllt; die an der Rathausstraße liegende Gebäudeseite besitzt offene Arkaden. Hier kann man Kaffee trinken, Eis essen oder Ansichtskarten schreiben. Die artgerechte Versendemöglichkeit hängt an der Stirnseite des Bäckeramtshauses: Der historische Postbriefkasten ist in Betrieb und wird regelmäßig geleert.

Markt 8

7 TEMPELHAUS S. 22

Ein Gebäude am Platz scheint aus einer ganz anderen Zeit zu kommen, obwohl seine Ursprünge ebenfalls im Mittelalter (14. Jh.) liegen: Schon die Bezeichnung „Tempelhaus" deutet auf das orientalisch anmutende Erscheinungsbild hin, wenn auch dem Ursprung des Namens verschiedene Deutungen zugeschrieben werden. Das prachtvolle Gebäude steht nur scheinbar im Widerspruch zu den bodenständigen Fachwerkhäusern: Als Patrizierhaus ist es dem gehobenen Bürgertum zuzuordnen. Das mittelalterliche Patriziat, eine von Adel und Kaufleuten geprägte Oberschicht, genoss Vorrechte wie die Ratsfähigkeit. Die unmittelbare Nähe zum Sitz der Hildesheimer Stadtregierung unterstreicht den repräsentativen Charakter. So befand sich das Gebäude für einige Jahrhunderte im Besitz der Bürgermeisterfamilie van Harlessem, weshalb es in Hildesheim mitunter auch „Harlessemhaus" genannt wird. Heute gehört es der Verlegerfamilie Gerstenberg, den Herausgebern der „Hildesheimer Allgemeinen Zeitung", deren Redaktionsräume nebenan liegen.

Im Tempelhaus ist seit 2015 das Besucherzentrum Welterbe Hildesheim & tourist-information untergebracht. Mit seiner kostenlosen, multimedialen Ausstellung zum Welterbe erweist es sich als echte Bereicherung. Auch von außen lohnt sich die Betrachtung: Die Gebäudefassade zeigt frühgotische Elemente wie Spitzbögen, manche Details wie der Renaissance-Vorbau (1591) kamen in späteren Epochen hinzu, als Sinnbild für gewandeltes Stilbewusstsein. Die Motive in der oberen Brüstung des Erkers zeigen das Gleichnis des verlorenen Sohnes.

Ungleiches Trio: Tempelhaus, Wedekindhaus und Lüntzelhaus

KAFFEETRINKEN AM PFERDEMARKT

Im Schatten des historischen Marktes gelegen, übersehen viele Touristen den kleinen Platz südlich der Rathausstraße. Dabei gibt es auch hier einige nette Cafés mit schönen Außenplätzen (siehe Gastronomie S. 111). In der Mitte weist eine Skulptur auf die historische Bedeutung des Platzes hin: Das „Blaue Pferd" wurde 2006 von Prof. Siegfried Neuenhausen im Rahmen der Aktion „Kunst im öffentlichen Raum" geschaffen. Textblöcke informieren über die Geschichte des Pferdemarktes, die Anatomie von Pferden und das Reiten. Bezugspunkt im Stadtplan ist die Scheelenstraße, da der Pferdemarkt kein offizieller Straßenname ist.

Das teilweise zerstörte Harlessemhaus wurde 1952 wiedererrichtet. Die orientalischen Einflüsse sind vermutlich auf fremdländische Eindrücke zurückzuführen, die während der mittelalterlichen Kreuzzüge gewonnen wurden. Rathausstraße 20 (Tempelhaus) • tourist-information • Tel.: 05121 17980 • Mo.–Fr. 9.30–18 Uhr, Sa. 10–15 Uhr im Sommer und an Adventswochenenden auch So.

8 WEDEKINDHAUS   S. 22

Vergleichbar prächtig, doch ganz anders als das Tempelhaus gestaltet sich die Fachwerkfassade rechts daneben: Schmucke Säulen, goldene Schriftzüge und stolz hervortretende Brüstungen mit Schnitzkunst machen das Wedekindhaus zu einem Hingucker. Der 1598 errichtete Renaissancebau diente dem Händler Hans Storre als Wohn- und Geschäftshaus, daher wird es auch als „Storre-Haus" bezeichnet. Es zeigt die für seine Epoche charakteristischen Ausluchten: Die ebenerdig beginnenden Vorbauten sind beinahe so hoch wie das Hauptgebäude und tragen eigene Giebel. Die Motive auf den Eichenholztafeln der Fassade werden als Symbole für Tugenden, Laster und freie Künste interpretiert. Auch hinter dieser historischen Fassade verbirgt sich ein modernes Gebäude. Die Hildesheimer Stadtsparkasse hat hier ihren Sitz, der sich noch auf die beiden westlich gelegenen Nachbarbauten (Lüntzelhaus und Rolandstift) erstreckt. Rund 40 Jahre nach der Zerstörung des Hauses wurde die Fassade weitgehend originalgetreu wiederaufgebaut. Rathausstraße 21

9 LÜNTZELHAUS   S. 22

Der Name dieses barocken Hauses steht für eine Hildesheimer Patrizierfamilie, die einige einflussreiche Bürger hervorgebracht hat. Dazu zählen der Kaufmann und Senator Johann Gottfried Lüntzel (1717–1783) und der Bürgermeister Christoph Friedrich Lüntzel (1749–1826). Auch die Mutter von Hermann Roemer, Stifter des Hildesheimer Roemer- und Peli zaeus-Museums, war eine geborene Lüntzel. Von außen betrachtet wirkt das 1755 errichtete Gebäude indes eher schlicht, fast sachlich. Bei der Gestaltung wurde auf Pomp und barocke Schnörkel verzichtet, doch die Epoche spiegelt sich z. B. in den filigranen Fensterbögen wider.

Rathausstraße 22

🔟 UMGESTÜLPTER ZUCKERHUT   S. 22

Am nahe des Marktes gelegenen Andreasplatz befindet sich ein Fachwerkhaus, das so aussieht, als seien bei der Bauplanung einige Maße durcheinandergeraten. Zwar sind die Stockwerke bei vielen Fachwerkhäusern stufenartig übereinandergesetzt, doch der „Umgestülpte Zuckerhut" stellt ein Extrem dar: Die Grundfläche des Erdgeschosses beträgt 22 Quadratmeter, während das Obergeschoss auf die beinahe doppelte Fläche (43 m^2) anwächst. So erinnert das Gebäude an einen Zuckerkegel, der verkehrt herum aufgestellt wurde. Das ca. 1510 errichtete Haus wurde erst 500 Jahre später rekonstruiert, was die Bauherren vor enorme Herausforderungen stellte – kein Balken glich dem anderen. Es zählt zu den berühmtesten Hildesheimer Sehenswürdigkeiten.

Wahrlich süß geht es heute in den Innenräumen des Zuckerhuts zu: Hier befindet sich eine Schokoladenmanufaktur und Kaffeerösterei, die eine Attraktion für sich ist.

In den oberen Stockwerken kann man bei den Röst- und Mahlvorgängen zusehen. Wer beim Personal nachfragt, erfährt dabei z. B. Lehrreiches über verschiedene Hanglagen und Klimazonen beim Kaffeeanbau. Die angebotenen Spezialitäten eignen sich auch als Mitbringsel oder Souvenir. Seit 2014 befindet sich „das kleine Röstwerk" im Zuckerhut, während die zugehörige Kaffeebar im benachbarten Gebäude zu finden ist (Gastronomisches Angebot S. 113).

Andreasplatz 20

🔟 ROLANDSTIFT   S. 22

Das Gebäude rechts (vom Marktplatz aus gesehen) neben dem Lüntzelhaus trumpft mit einer außergewöhnlichen Frontgestaltung auf, in der sich verschiedene Baustile einen: Unterhalb des gotischen Staffelgiebels mit seinen Spitzbogenfenstern setzt sich die Fassade mit barocken Elementen fort. Der von Halbsäulen gerahmte, mit Ornamenten und einem Engelskopf geschmückte Eingang scheint mit der rechtsseitig hervortretenden Auslucht förmlich um den Platz als Blickfang zu wetteifern. Doch es ist die Gesamtheit der Fassade, die dem Bau den inoffiziellen Titel „schönstes Barockhaus Hildesheims" eingebracht hat. Hinter dem Prunk steht ein wohltätiger Zweck: Der Kaufmann und Senator

▶ Der „Umgestülpte Zuckerhut" ist eine besondere Sehenswürdigkeit

Erasmus Roland (1695–1769) stiftete das Wohnhaus als Herberge für arme Bürgertöchter.
Rathausstraße 23

12 STADTSCHENKE S. 22

An der Nordseite des Marktes fällt ein Ensemble aus drei Gebäuden auf, die heute zusammengehören, weil sie ein 4-Sterne-Hotel (Van der Valk) beherbergen. Doch die einzelnen Häuser haben unterschiedliche Fassaden und präsentieren verschiedene Stilepochen. Das Gebäude links ist die Stadtschenke. Sie wurde ursprünglich im Jahr 1666 errichtet und zwischenzeitlich von modernem Wiederaufbau verdrängt. Wie bei den meisten Häusern am Platz ist es nur die Fassade, die rekonstruiert wurde. Der Anblick der imposanten Gefache lässt dies jedoch schnell vergessen. So trägt auch die Stadtschenke zur historischen Atmosphäre des Marktes bei. Der Name lässt zünftige Tresen mit überschäumenden Bierkrügen vermuten, doch geht es hier heute vornehm zu: In den Innenräumen befindet sich die hoteleigene „Bar Stadtschänke" mit Cigar Lounge und Club Room.
Markt 4 a

13 ROKOKOHAUS S. 22

Fast zerbrechlich wirkt das helle, mit Stuck verzierte Gebäude zwischen seinen deutlich breiteren und höheren Fachwerk-Nachbarn, und doch tritt es elegant hervor. Aus dem Rokoko des 18. Jh.s (1757) stammend, besitzt es eine prunkvolle Fassadengestaltung, die sich auf Akzente über Tür und Mittelfenstern konzentriert und das Haus mit einem edlen Giebel krönt. Sehenswert ist auch die Eingangshalle, in deren Boden das Hildesheimer Wappen eingearbeitet wurde. Unter der mit aufwendigem Stuck verzierten Decke beginnt die Lob-

Das zierliche Rokokohaus zwischen seinen rustikalen Nachbarn by des Hotels mit Zugang zur links gelegenen Bar (Stadtschenke) und zum rechts gelegenen Restaurant (Gildehaus). Die Gebäude können aber auch jeweils vom Markt aus betreten werden.

Markt 4

14 WOLLENWEBER-GILDEHAUS S. 22

Die Zunft der Wollenweber erhielt zu Beginn des 14. Jh.s ihre Zustimmung durch den Stadtrat. Das Gildehaus wurde jedoch vermutlich erst rund 200 Jahre später errichtet – das konkrete Baujahr ist nicht bekannt. In der schlichten Fassade nimmt der Holzanteil mit seinen Schwellen, Streben und dreiecksförmigen Fußknaggen viel Raum ein, sodass die Fassade von ferne betrachtet eher dunkel und schlicht wirkt. Doch auch hier steckt viel Liebe im Detail, sie zeigt sich in Verzierungen an den Balkenköpfen und auf der Schwelle zwischen dem zweiten und dritten Stockwerk. Das Hotel-Restaurant im Erdgeschoss indes vereint rustikale Elemente und modernes Interieur.

Markt 4

15 KIRCHE ST. ANDREAS S. 22

ENTDECKER-TIPP

Am Andreasplatz gehört ein Besuch der namensgebenden Kirche unbedingt dazu. Der sakrale Bau spielte schon kurz nach seiner Errichtung eine wesentliche Rolle bei der Entwicklung der Altstadt

(siehe „Historischer Marktplatz" S. 24). Mit dem heute noch höchsten Kirchturm Niedersachsens (114,5 m) setzte er schon frühzeitig ein Zeichen. Die heute evangelisch-lutherische St.-Andreas-Kirche wurde ursprünglich (ca. 1140) als romanische Basilika errichtet. Der noch heute präsente gotische Bau entstand zwischen 1389 und 1504. Neben der Kirche selbst, die eine der größten Orgeln Norddeutschlands vorweisen kann, beeindruckt der Aufstieg auf den St.-Andreas-Kirchturm. 364 Stufen führen zur in 75 Metern Höhe gelegenen Aussichtsplattform, von der sich ein einmaliger Blick über Stadt und Umland eröffnet. Bei guten Sichtverhältnissen soll sogar der Harzer Brocken erkennbar sein.

Im Jahr 1945 brannte die Kirche nach einem Luftangriff völlig aus. Der Wiederaufbau erfolgte zwischen 1956 und 1965; die Treppe im Turm konnte erst in den 90er-Jahren mithilfe von Spendengeldern rekonstruiert werden.

Andreasplatz 5 • Tel.: 05121 12434 • Apr.–Sept. Mo.–Fr. 9–18 Uhr, Sa. 9–16 Uhr, So. 11.30–16 Uhr, Okt.–März Mo.–Sa. 9–16 Uhr, So. 11.30–16 Uhr • Gottesdienst: So. 10/18 Uhr (außer Ferien) • Aufstieg Kirchturm: Mai–Okt. Mo./Di./Do./Fr. 11–16 Uhr, Sa. 11–18 Uhr, So. 12–18 Uhr, Mi. geschl. • Letzter Einlass 30 Min. vor Schließung

16 CITYKIRCHE ST. JAKOBI S. 22

Direkt hinter dem Marktplatz zweigt von der Fußgängerzone (Almsstraße) die Jakobikirchgasse

ab. Hier ruht, umgeben von Kaufhäusern und Filialgeschäften, Hildesheims Citykirche. Namensgeber ist der Apostel Jakobus, dessen Figur am Westturm zu sehen ist. Eine Besonderheit am Kirchenschiff sind die schmalen, hohen Spitzbogenfenster. Im Kirchensaal finden Ausstellungen und Konzerte statt. Das Konzept des evangelisch-lutherischen Gotteshauses wird derzeit neu entwickelt. Ostern 2013 soll St. Jakobi nach grundlegenden inhaltlichen und baulichen Veränderungen wieder eröffnet werden.

Jakobikirchgasse

🄷 DER HUCKUP   S. 22

Südlich des Marktes setzt sich die Fußgängerzone im Hohen Weg fort und endet an der befahrenen Schuhstraße. An dieser Ecke steht ein viel beachtetes Denkmal, das nach einer Hildesheimer Sage geschaffen wurde: Der Huckup („Hock-auf") zeigt einen Apfeldieb, der unter der Last eines Kobolds fast zusammenbricht. Der Zwerg ist als Sinnbild für das schlechte Gewissen zu deuten. Laut der Überlieferung springt er jenen auf den Rücken, die sich auf unrechte Weise bereichert haben. Damit andere von diesem Ungemach verschont bleiben, warnt ein Schild am Denkmal mit niederdeutschen Worten. Frei ins Hochdeutsche

übersetzt lauten die Verse: Junge, lass die Äpfel stehen / Sonst packt dich der Huckup / Der Huckup ist ein starker Zwerg / Der mit Dieben böse ins Gericht geht.

Der Huckup wurde im Jahr 1905 von dem Dresdener Bildhauer Roeder gestaltet. Wer sich nicht vorsieht, heißt es in der Sage, kann im Hildesheimer Wald von dem Kobold überfallen werden, wo er Wanderern auflauern soll. Doch für all jene, die keine Äpfel oder andere Dinge stehlen, dürfte sich das Risiko in Grenzen halten.

Hoher Weg/Schuhstraße • 🄰 👤 👥👥 👥

🄸 THEATER FÜR NIEDERSACHSEN   S. 22

Im Jahr 2007 schlossen sich das Stadttheater Hildesheim und die Landesbühne Hannover zusammen. Das Ergebnis heißt „Theater für Niedersachen" und kann sich wortwörtlich sehen lassen. Auf dem Spielplan stehen klassische und innovative Inszenierungen in drei Sparten: Neben Schauspiel und Musiktheater werden Musicals dargeboten, außerdem gibt es Konzerte und das „Junge Theater", das sich speziell an Familien richtet. Spartenübergreifende Projekte und Kooperationen sorgen für originelle Bühnenstücke. Das Hildesheimer Haus blickt auf eine lange Tradition zurück: Bereits im Jahr 1909 wurde das Stadttheater gegründet, unterstützt vom Engagement der Bürger.

Theaterstraße 6 • Tel.: 05121 16930 • www.tfn-online.de

◀ Kirche St. Andreas mit dem Bugenhagen-Denkmal auf dem Andreas-Kirchplatz

DAS FACHWERKVIERTEL

Das Viertel südöstlich der City führt durch weitere Kapitel der Hildesheimer Geschichte. Entlang von Brühl, Hinterer Brühl und Keßlerstraße erschließt sich das Wohngebiet und ehemalige Handwerkerquartier mit Fachwerkhäusern, die teils bereits im 16. Jh. errichtet wurden. Zwischen Häuserzeilen, die die heutigen Bewohner liebevoll neu gestalteten, findet sich manch originalgetreu restaurierte Fassade wie die des berühmten Wernerschen Hauses. Liebhaber schöner Details und Fotografen zieht es in dieses Viertel, das vielerorts in die Festungszeit zurückversetzt, besonders am Kehrwiederwall mit seinem Stadtturm. Dazwischen locken Monumente wie die Basilika St. Godehard, Heilig Kreuz und Choralei. Am Neustädter Markt kommen die Hildesheimer gerne zusammen.

siehe große Karte   S. 40/41

SEHENSWERTES

Wernersches Haus Das Fachwerk nutzte der Erbauer, um seine Botschaften zu verkünden.   S. 45 **4**

Basilika St. Godehard Der Papst erklärte das Gotteshaus zur „Basilika minor".   S. 46 **6**

Hildesheimer Neustadt Wochenmarkt und Cafés sind nicht nur bei Einheimischen beliebt.   S. 49 **10**

Kehrwiederturm Der letzte erhaltene Stadtturm Hildesheims.   S. 51 **13**

GASTRONOMIE

Kafenion Hausgemachte Schokolade, Kaffee und Kuchen nahe der Stadtmauer.   S. 115 **26**

EINKAUFEN

Die Knolle Einschlägiges Naturkost-Geschäft in der Hildesheimer Neustadt.   S. 119 **3**

ÜBERNACHTUNG

Conditorei-Café Timphus Hotel Zum Frühstück gibt es frische Brötchen aus der eigenen Bäckerei.   S. 124 **12**

Tagungshaus Priesterseminar Die Institution des Bistums Hildesheim bietet auch Zimmer für Übernachtungen an.   S. 125 **19**

KULTUR UND FREIZEIT

Neisser Heimatmuseum Im Waffenschmiedehaus von 1548 untergebrachtes Museum und Archiv mit Erinnerungen und Exponaten aus der Neisser Heimat.   S. 129 **2**

Gasse zum Kehrwiederturm

Kardi...

Weg

denstr.

Scheen...

Am Ratsbau...

...straße

P

✝

P

Schwemmenstr.

P

Schuhstraße

Margaretenweg

Bohlweg

18

P

Hindenburg-
platz

Friesenstr.

32

34

Goslars

Hückedahl

Brühl

✝

✝

1

2

10

P

12

Braunschweiger Straße

11

Neustädter
Markt

P

12

✝

...enstraße

Wollenweberstr.

Enge Str.

Güntherstr.

30

Neue Str.

✝

10

19

3 Goschenstraße

...nward-
...kenhaus

3

8

2

26

14

4

9

Lappenberg

13

Keßlerstraße

5

6

Kehrwiederwall

7

Renatastraße

✝

Klinikum

Ernst-
Ehrlicher-
Park

P

Kaiser-Friedrich-Str.

Hohnsen

Weinberg

Struckmannstraße

SEHENSWERTES

GASTRONOMIE

EINKAUFEN

ÜBERNACHTUNG

KULTUR UND FREIZEIT

1 BRÜHL   S. 40

Zwischen Kreuzstraße und Godehardsplatz führt die fast 400 Meter lange Straße Brühl in das Fachwerkviertel. Am südlichen Ende sind ganze Häuserzeilen geprägt von der mittelalterlichen Baukunst und lassen erahnen, wie das Viertel seinerzeit ausgesehen haben muss. Gegenüber den repräsentativen Bauten der Zünfte am Marktplatz mögen viele der Wohnhäuser eher schlicht erscheinen, doch auch hier lohnt es sich innezuhalten und die Details zu entdecken. Das Haus Brühl Nr. 31 gilt als eines der ältesten Fachwerkhäuser Hildesheims. Auf einem erst 1998 im Keller entdeckten Balken fand man die Jahreszahl 1556. Weitere Untersuchungen ergaben, dass das Haus bereits fast 100 Jahre früher errichtet wurde. Charakteristisch ist das hervortretende obere Stockwerk mit den geschnitzten Balkenköpfen.

Ein Schmuckstück ist auch die barocke Seminarkirche (1772), die sich an der Ecke zur Neuen Straße befindet. Über dem Portal wacht die Maria Immaculata, an den Seiten sind Statuen der Heiligen Franz von Assisi und Antonius von Padua zu sehen. Den modern ausgestatteten Kirchensaal ließ das Bischöfliche Generalvikariat im Jahr 2010 neu gestalten. Mit der Kreuzkirche im Norden und der Basilika St. Godehard im Süden bietet der Brühl obendrein bedeutende sakrale Sehenswürdigkeiten. Am – südwestlich gelegenen – Hinteren Brühl setzt sich die Fachwerkpracht fort.

2 HEILIG KREUZ UND CHORALEI   S. 40

Die Kreuzkirche am oberen Brühl ist aus einem Bau gewachsen, der ganz anderen Zwecken diente: Als Torturm gehörte er noch im 10. Jh.

„ALLES UNTER DACH UND FACH"

Viele Redewendungen und Begriffe sind auf die Bautechnik zurückzuführen, Häuser aus Balkenkonstruktionen zu gestalten. Die dazwischen entstandenen Felder bezeichnet man als „Gefache", die Methode, sie mit Substanz zu füllen, als „ausfachen". Dabei wurden verschiedene Materialien verwendet, z. B. Naturstein, Klinker, Lehmziegel oder Flechtwerk mit Lehmbewurf. Manche unverputzten Fassaden zeigen sehr deutlich, welche Methode zum Einsatz kam. Auch die einzelnen Balken haben verschiedene Namen und Funktionen. Einige davon werden im Stadtmuseum auf anschauliche Weise erklärt. An vielen Fachwerkhäusern ist auch erkennbar, dass das Material arbeitet. So wirken manche dieser Bauten seltsam gedrungen oder verformt, was den pittoresken Charakter noch unterstreicht. Die nicht nur im Mittelalter stark verbreitete Fachwerkbauweise ist in vielen mitteleuropäischen Ländern zu finden, z. B. auch in Frankreich und England, wobei die künstlerische Gestaltung je nach Region und Erbauungszeit stark variiert.

Vorhof der Kirche Heilig Kreuz

zur Stadtbefestigung. Im Inneren der Kirche sind noch die Umrisse des weltlichen Steinbaus zu sehen, der ungefähr zwischen Vierung und Orgelempore lag. Über dem Altar ist noch der ehemalige Wachrundgang erkennbar. Die Umwandlung in eine Kirche erfolgte im ausklingenden 11. Jh.: Der damalige Bischof Hezilo ließ Querschiff und Chor anbauen, sodass 1079 das Stift „Zum Heiligen Kreuz" gegründet werden konnte. Durch mehrfache An- und Umbauten trägt das Bauwerk die Handschrift verschiedener Epochen. Während das Mittelschiff der Entstehungszeit (Romanik) zugeordnet wird, stammt das südliche Seitenschiff aus der Gotik. In

Malerisches Fachwerk am Hinteren Brühl

schmuckem Barock zeigen sich der Innenraum des nördlichen Seitenschiffs, die ungewöhnliche Westfassade samt Kirchenvorhof und Freitreppe. An den Seiten der Treppe stehen Sandsteinfiguren der Apostel Petrus und Paulus. Neben der Kreuzkirche befindet sich die „Choralei", eine ehemalige Stiftsschule mit Internat, ebenfalls im 11. Jh. erbaut. Heute gehört die Einrichtung zum katholischen Gymnasium Marienschule.

Kreuzstraße 4/Ecke Brühl • Mo.–So. 9–17 Uhr • Gottesdienst: Di./Fr. 17 Uhr, Mi. 9.30 Uhr, Sa. 18 Uhr, So. 9/18 Uhr

3 HINTERER BRÜHL S. 40

Entlang der schmalen Kopfsteinpflasterstraße hinter dem (langen) Brühl haben vergleichsweise viele Fachwerkhäuser den Krieg überstanden. Ein großer Teil davon wurde bereits im 16. Jh. errichtet. Für viele Einheimische und Besucher ist dies die schönste Straße von Hildesheim. Mit derzeit einer Ausnahme (Brühl Nr. 22) wurden alle Häuser aufwendig restauriert. Am Hinteren Brühl 15 fällt ein schmuckes Holztor auf. Es gehört zu einem Adelshof aus dem Jahr 1577, der im Laufe der Jahrhunderte mehrfach verändert wurde. So soll der Erker erst zu Beginn des 19. Jh.s hinzugekommen sein. Die Inschriften und Wappen weisen die Familie von Steinberg als einstige Bauherren aus.

Kunstvolle Details, die auf das Alter der Häuser hindeuten, sind auch an Nr. 19 und 20 zu erkennen. So zeigt der Erker an Haus Nr. 19 einen Schriftzug mit der Jahreszahl MDCXVI – in arabischen Ziffern ergibt dies 1616. Beim Nachbarhaus handelt es sich um eine Rekonstruktion: Der ursprüngliche Bau wurde 1970 abgerissen. Eine Tafel mit Inschriften konnte dabei erhalten und in die neue Fassade integriert werden. Nach dem Wortlaut lebte Dr. Konrad Michelsen, Gründer der Michelsen-Schule, von 1855 bis 1857 in diesem Haus. Das seinerzeit als „Ackerbauschule" gegründete Gymnasium setzt noch heute Schwerpunkte in Sachen Agrarwirtschaft.

4 WERNERSCHES HAUS   S. 40

Am Ende der Straße Hinterer Brühl befindet sich eine bekannte Hildesheimer Sehenswürdigkeit: Ganze 29 Bildtafeln und aufschlussreiche Inschriften zieren das Wernersche Haus aus der Renaissancezeit. Sein Bauherr Philipp Werner, seinerzeit Regierungssekretär des Stifts Hildesheim, nutzte die Fassade, um darauf hinzuweisen, dass er den Bau selbst finanzierte. „Im Jahr 1606 ist dieses Gebäude durch den Sekretär Philipp Werner mit dessen eigenen Mitteln errichtet worden", lautet die Übersetzung des lateinischen Satzes auf der zum Godehardsplatz gelegenen Seite (Schwellbalken des ersten Stockwerks). Die Motive in der Brüstung des zweiten Stockwerks sind Darstellungen der Planetengottheiten Superbia und Pax sowie der kämpferischen Figur Judith aus dem Alten Testament (Buch Judith). Passend dazu lauten die Lettern: Saturn. Mars. Merkur. Sonne. Jupiter. Venus. Mond. Stolz. Judith. Frieden. Auf der ersten und vierten Tafel der unteren Brüstung sind der heilige Bernward bzw. die Gottesmutter zu sehen.

Die zum Hinteren Brühl gelegene Gebäudeseite zeigt figürliche Darstellungen der vier Laster (Neid, Neugierde, Geiz, Verleumdung) sowie der vier Tugenden (Hoffnung, Glaube, Liebe, Geduld). Abgebildet sind auch Personen, die in Zusammenhang mit der Entstehung Hildesheims standen: Ludwig der Fromme, Karl der Große, Kaiser Heinrich II. und Bischof Godehard. Wie auf der anderen Fassadenseite gibt es außerdem belehrende Worte des Hausherrn: „Du redest hir von was dir gefelt, Kostet mir aber das meine gelt …", steht auf dem Schwellbalken. Die Frage, ob man die Botschaft als heutiger Besucher persönlich nehmen sollte, könnte wohl nur Philipp Werner beantworten, über mangelnde Finanzierung indes bräuchte er sich kaum zu beklagen: In den Jahren 2010 und 2011 wurde das Wernersche Haus aufwendig renoviert

Godehardsplatz 12/Ecke Hinterer Brühl

5 ST. NIKOLAI   S. 40

Schräg gegenüber dem Wernerschen Haus ist ein Gebäude mit turmartigem Vorbau zu sehen. Hier stand einst die Nikolai-Kapelle. Sie wurde zeitgleich mit der Klosterkirche St. Godehard erbaut und 1146 durch Bischof Heinrich von Minden als Pfarrkirche geweiht. Später kam ein Hospital hinzu, das im 18. Jh. mit dem „Hospital Fünf Wunden" zusammengelegt wurde. An diese Zeit erinnert das restaurierte Prunkportal an der Südseite, über dem das Abtwappen und eine Inschrift mit der Jahreszahl 1770 stehen. Am Nordeingang des Gebäudes trifft man auf die Figur des heiligen Nikolaus. Die Apsis des heutigen (1960) Neubaus erinnert an die Kirche, die bereits im frühen 19. Jh. abgerissen wurde.

Godehardsplatz

6 BASILIKA ST. GODEHARD S. 40

Schon von Weitem sind die drei Türme der ehemaligen Benediktiner-Klosterkirche St. Godehard sichtbar. Sich über den Langelinienwall oder eine der zum Vorplatz führenden Straßen nähernd, begreift man Schritt für Schritt die schlichte Schönheit des romanischen Bauwerks. Klare Linien prägen das doppeltürmige Westwerk, das dreiteilige Mittelschiff, den sich harmonisch anfügenden Chorumgang und den alles überragenden Vierungsturm. Bischof Bernhard von Walshausen gründete das Kloster im Jahr 1133 zu Ehren seinen Vorgängers Bischof Godehard, der zwei Jahre zuvor heiliggesprochen worden war. Knapp 40 Jahre (1172) nach der Grundsteinlegung wurde die noch unvollendete Kirche durch Bischof Adelog geweiht. Das Westwerk mitsamt der Türme konnte erst im 13. Jh. vollendet werden. Rund drei Jahrhunderte später wurde

Die Basilika St. Godehard beeindruckt mit klaren Linien

Die Fachwerkfassade des Wernerschen Hauses ist mit reichem Schnitzwerk versehen

der Chor ausgebaut und im spät-gotischen Stil gestaltet.

St. Godehard zählt zu den we-nigen romanischen Kirchen in Deutschland, die die Jahrhunderte nahezu unversehrt überdauerten, wenn auch einige Restaurierungs-maßnahmen und Neugestaltun-gen erfolgten. Sie wurde 1963 von Papst Paul VI. zur Basilika minor erklärt. Dieser Titel soll die Bedeu-tung einer Kirche für die Region unterstreichen und ihre Bindung an den Bischof stärken. Davon zeugt das päpstliche Wappen mit den gekreuzten Schlüsseln, das hier über der Taufkapelle zu finden ist. Im Kirchensaal ist die Entste-

VOM KLOSTER ZUR HAFTANSTALT

Wer die ehemalige Klosteranlage rückseitig (über den Kehrwiederwall) passiert, wundert sich vielleicht über die vergitterten Fenster und moder-nen Sicherheitsanlagen. Dies lässt sich mit der aktuellen Nutzung erklären: Hier befindet sich die Hildesheimer Abteilung der Justizvollzugsanstalt für Frauen, die ihren Hauptsitz in Vechta hat. Eine bekannte Inhaftierte war Marianne Bachmeier. Sie sorgte seinerzeit für Schlagzeilen, weil sie den Mörder ihrer Tochter im Gerichtssaal erschoss. Die Tatsache, dass das Kloster auf diese Weise „ersetzt" wurde, wird zwiespältig aufgenommen. Manche schütteln den Kopf darüber, für andere ist es das wohl am idyl-lischsten gelegene Gefängnis des Landes. Im angrenzenden Gebäude ist die Norddeutsche Hochschule für Rechtspflege untergebracht.

hungszeit an den Säulen erkennbar, deren Würfelkapitelle (Säulenköpfe) charakteristisch für die romanische Baukunst sind. Die Innenausstattung hingegen stammt aus verschiedenen Stilepochen. Das Schnitzwerk im Chorgestühl sowie die Figur Bischof Godehards werden dem 15./16. Jh. zugeordnet, die mit Engeln und Ranken verzierten Chorschranken dem beginnenden 18. Jh. Die Gemälde in der Vierung und im Altarraum kamen erst Mitte des 19. Jh.s hinzu, sie wurden von dem Kölner Maler Michael Welter (1808–1892) gestaltet, der u. a. auch Entwürfe für Fenster des Kölner Doms lieferte. Über dem Hauptaltar hängt ein großer Radleuchter, den Königin Marie von Hannover stiftete (1863).

Infolge der Säkularisation wurde das Kloster im Jahr 1803 aufgelöst und St. Godehard in eine Pfarrkirche umgewandelt. Die Stadt nutzte das Gebäude vorübergehend als Lagerstätte für Heu und Stroh. Als der Abriss drohte, setzte sich der damalige Pfarrer Hermann Gottfried Held (1768–1828), vormals Benediktinermönch, für den Erhalt der Kirche ein. Bedingt durch die landespolitischen Entwicklungen ging das Bauwerk 1813 an die Gemeinde zurück und stand wieder geistlichen Zwecken zur Verfügung.

Godehardsplatz • Mo.–Fr. 8–17.30 Uhr, Sa. 8–15.30 Uhr, So. 12–17.30 Uhr • Vesper Di.–Fr. 18 Uhr, Gottesdienst: Di.–Fr. 18.30 Uhr, So. 10.30 Uhr

7 GODEHARDI-MÜHLE   S. 40

Am westlich des Godehardsplatzes verlaufenden Mühlengraben erinnert ein Wehr an einen historischen Vorgängerbau: Hier stand die Godehardi-Mühle, die vermutlich zeitgleich mit der Klosterkirche errichtet wurde. Bei dem heutigen Gebäude handelt es sich um ein Wohnhaus aus dem 19. Jh. Das Mahlwerk der Mühle wurde noch lange genutzt und im Jahr 1932 abgerissen. Steintafeln an beiden Ufern des Baches berichten von einer bewegten Vergangenheit. Dem Wappen zufolge sah sich die Stadt Hildesheim als Eigentümerin, obwohl sie diesbezüglich im Konflikt mit dem Klerus stand. So musste die Stadt dem Kloster im späten 16. und frühen 17. Jh. einen Erbzins für die Mühle zahlen. Ein Teil der lateinischen Inschrift besagt: „Möge die Mühle bestehen bleiben und möge der Vaterstadt zu Gebote stehen, was die Mühle durch die Jahrhunderte mahlen kann, sowie Heil mit Frieden und Ansehen mit dem Heil."

8 WAFFENSCHMIEDE-HAUS/NEISSER HEIMATMUSEUM   S. 40

Die Straße Gelber Stern zweigt am Godehardplatz (Ecke Brühl) ab. Vor der Nr. 21 sollte man innehalten. Sie kennzeichnet eines der ältesten erhaltenen Fachwerkhäuser Hildesheims (1548). Die Motive im Schnitzwerk über der Eingangstür zeigen, dass dieses Haus dem

JÜDISCHE SIEDLUNG IM MITTELALTER

Um ihr Aufenthaltsrecht in der Stadt zu erhalten, mussten die Hildesheimer Juden sich im Mittelalter gegen den Widerstand des Rates durchsetzen, der die Bildung einer eigenen jüdischen Gemeinde verhindern wollte. Unter der Auflage einer Geldzahlung bekamen sie zu Beginn des 17. Jh.s einen Platz am Lappenberg zugewiesen, wo auch der Bau dieser einzigen Synagoge (1849) genehmigt wurde. Der Straßenname „Gelber Stern" wird übrigens niederdeutschen Ursprüngen zugeordnet und steht demnach nicht in Zusammenhang mit der im Nationalsozialismus eingeführten Zwangskennzeichnung der verfolgten Juden.

Schmied gehörte. Heute befindet sich in den Innenräumen das Neisser Heimatmuseum. Die Exponate stammen aus dem ehemaligen Fürstentum Neisse sowie dem ehemaligen Breslauer Bistumsland. Im Hof erinnert eine Gedenkstätte an die Opfer von Krieg, Flucht und Vertreibung.

Gelber Stern 21 • Neisser Heimatmuseum • Tel.: 05121 46431 • www. neisser-heimatbund.de • Tel.: 05121 132756 • Mi. 16–18 Uhr • Weitere Besuchszeiten nach telefonischer Anmeldung unter 05121 46431 bei Renate Bruntz

9 MAHNMAL AM LAPPENBERG   S. 40

Nur wenige Schritte vom Waffenschmiedehaus entfernt, in der fast parallel verlaufenden Straße Lappenberg, steht ein quaderförmiges Mahnmal. Die Seitenlänge beträgt ca. zwei Meter; der auf den Flächen abgebildete sechszackige Stern weist auf die Pogromnacht des 9. November 1938 hin, in der die Nationalsozialisten auf brutale Weise gegen jüdische Einrichtungen vorgingen. Auch die Synagoge, die sich an diesem Platz befand, wurde niedergebrannt. Eine Mauer aus Natursteinen macht die ehemaligen Umrisse des Gebäudes deutlich. Der Kubus aus Marmor und Bronze zeigt an jeder seiner vier Seiten ein Thema der jüdischen Geschichte: Erwählung, Gesetz, Verfolgung und Holocaust, Kult. Die obere Plastik steht für die Stadt Jerusalem. Das Monument wurde im Jahr 1988 mit Mitteln der Friedrich Weinhagen Stiftung zu Hildesheim errichtet und von mehreren Künstlern gestaltet. Der Entwurf stammt von dem Kölner Bildhauer Elmar Hillebrand.

Lappenberg • 🚶 ♿ 👪 🌳

10 HILDESHEIMER NEUSTADT   S. 40

Ein Teil des Fachwerkviertels (Keßlerstraße, Knollenstraße) gehört zum Gebiet der Neustadt. Dieser Stadtteil war einst eine eigenständige Ortschaft mit eigener Befestigungsanlage. Der damalige Dompropst Ludolf v. Wohldenberg gründete sie zu Beginn des 13. Jh.s im Südosten der Altstadt.

Der Katzenbrunnen am Neuen Markt

Wie die im Südwesten entstandene Dammstadt sollte die Neustadt dem wirtschaftlich erstarkten Hildesheim die Stirn bieten. Zentrum der neuen Siedlung war die dem heiligen Lambertus geweihte Kirche und der angrenzende „Neustädter Markt." Im späten 16. Jh. konnten sich die beiden konkurrierenden Städte schließlich auf einen Kompromiss verständigen. Die trennende Befestigung zwischen Alt- und Neustadt wurde beseitigt. Heute gehört die Hildesheimer Neustadt zum Bezirk Mitte. Mit ihrer zentralen Lage und den nahe gelegenen Grünanlagen (Ernst-Ehrlicher-Park, Hohnsensee) ist sie ein beliebtes Wohngebiet. Man trifft sich auf dem Wochenmarkt oder bummelt durch die angrenzenden Straßen mit ihren Cafés und kleinen Geschäften. Kneipen mit gutbürgerlicher Küche haben hier genauso ihren angestammten Platz wie Szene-Clubs (siehe Gastronomie S. 111) und Geschäfte, die mit dem Öko-Trend gewachsen sind.

Wollenweberstraße/Goschenstraße •

11 NEUER MARKT UND KATZENBRUNNEN S. 40

Auf den ersten Blick erinnert der Neustädter Marktplatz mit seiner modernen Bebauung kaum an das Mittelalter. Doch die Vergangenheit ist auch hier gegenwärtig. Der Wochenmarkt auf dem „neuen" Platz hat eine lange Tradition: König Heinrich VII. verlieh den Neustädter Bürgern seinerzeit (1226) das Recht, ihre Marktstände regelmäßig aufzubauen. Der Katzenbrunnen auf dem Marktplatz stammt aus dem Jahr 1913. Er steht für eine Hildesheimer Sage, nach der ein Nachtwächter, der eine schwarze Katze mit dem Stock schlug, von sich laufend vermehrendem Nachwuchs der Straßentiger heimgesucht wurde. Der Glockenschlag der Lamberti-Kirche soll die wütenden Tiere vertrieben haben, wodurch der Wächter ihren scharfen Krallen entkam. Die Figuren auf der Mittelsäule des Brunnens verdeutlichen das Schauspiel auf äußerst anschauliche Weise.

Neustädter Marktplatz · Wochenmarkt Mi./Sa. 6–13 Uhr · 🚋 🚲 ♿ 🚻

12 KIRCHE ST. LAMBERTI S. 40

Schutzpatron der Neustadt und ihrer Kirchengemeinde ist der heilige Lambertus. Das nach ihm benannte Gotteshaus steht südlich des Neustädter Marktes. Die spätgotische Hallenkirche wurde ab 1474 errichtet und im Krieg zerstört. Der Wiederaufbau erfolgte im Jahr 1952. Sehenswert ist der Peter-Paul-Altar – eine Leihgabe des Roemer- und Pelizaeus-Museums –, der um 1420 von einem unbekannten Künstler gestaltet wurde. Die Kanzel schuf der Künstler Carl von Dornick. An ihrem unteren Rand weisen Jahreszahlen auf Ereignisse hin, die für die Kirche von besonderer Bedeutung waren. Das bronzene Taufbecken stammt aus dem Jahr 1504. Ein besonderer Tipp ist die „Musik zur Marktzeit": Jeden Samstag finden sich Profi- und Laienmusiker, Schüler und Studenten im Altarraum der Kirche ein, um gemeinsam zu musizieren

Neustädter Markt 37 · Mo.–Sa. 9–17 Uhr · Musik zur Marktzeit: Sa. 10– 0.30 Uhr · Hauptgottesdienst: So. 10 Uhr

13 KEHRWIEDER-TURM S. 40

Am Kehrwiederwall, dem südlichen noch sichtbaren Stadtwall, fühlt man sich in die Zeit versetzt, als die Hildesheimer Neustadt noch von einer kompletten Befestigungsanlage umgeben war. Über den roten Dächern der Fachwerkhäuser erhebt sich die schiefergedeckte Spitze des Kehrwiederturms. An der (vom Wall aus betrachtet) rechten Seite schließt sich ein Stück der ehemaligen Stadtmauer an. Der letzte erhalten gebliebene Stadtturm (1465) war einer von insgesamt vier Tortürmen, die zur Neustadt führten. Vom Turm aus führt ein Torboden in die Gasse Am Kehrwieder, mit

nur vier Hausnummern eine der kürzesten und engsten Straßen Hildesheims. Es gibt wohl kaum einen anderen Ort in der Stadt, an dem das Mittelalter so nah erlebbar wird – besonders in der Dämmerung, wenn Pflaster und Mauerwerk im Licht der historischen Straßenlaternen schimmern. Der Name Kehrwieder wird auf die nahe gelegene Kehre der einstigen Wehranlage zurückgeführt. Es gibt aber auch eine schöne Hildesheimer Sage zu diesem Thema: Dank der Turmglocke soll ein Edelfräulein, das sich im Wald verirrt hatte, den Weg zurück in die Stadt gefunden haben.

Wer den Turm von innen sehen möchte, kann dies mit einem kulturellen Highlight verbinden: Der Hildesheimer Kunstverein lädt regelmäßig zu Veranstaltungen und Ausstellungen ("Kunst und Kultur im Kehrwiederturm").

Am Kehrwieder/Ecke Keßlerstraße • Termine und Infos zu den Ausstellungen: www.kunstverein-hildesheim.de

14 KESSLERSTRASSE   S. 40

Auch die Keßlerstraße mit ihren liebevoll hergerichteten Wohnhäusern lohnt einen Spaziergang. Sie erhielt ihren Namen bereits zu Beginn des 14. Jh.s, als die Kesselflicker in diesem Stadtteil lebten und arbeiteten. Die heutigen Häuser wurden indes erst später er-

richtet (16.–18. Jh.). Es gefallen die farbenfrohen Fassaden mit dem oft individuell gestalteten Fachwerk, schmuckvollen Türen und schönen Vorgärten. Vielerorts wurden Rosen gepflanzt, das Symbol der Stadt Hildesheim. Beschaulich ist auch die abzweigende Knollenstraße. In der kurzen, als Fußgängerzone ausgewiesenen Straße stehen schöne Fachwerkbauten, z.B. Haus Nr. 9 mit seinem prächtigen Eingangsportal.

Am östlichen Ende der Keßlerstraße (Richtung Annenstraße) liegt ein denkmalgeschütztes Bauwerk etwas versteckt hinter einem Torbogen. Das herrschaftlich anmutende Fachwerkhaus befindet sich seit 1805 im Besitz der Freimaurer. Zuvor diente es als Amtssitz des Domprobstes, der für die Verwaltung der Hildesheimer Neustadt zuständig war. Der ursprüngliche Bau war ab 1534 errichtet worden und brannte 1633, also während des Dreißigjährigen Krieges, nach Artilleriebeschuss nieder. Neubau und Erweiterungen werden noch heute von der Freimaurerloge "Pforte zum Tempel des Lichts" genutzt. Ein Teil des Hauses ist vermietet. Nahe der Dompropstei befindet sich der ehemalige Sitz des für die Rechtsprechung der Neustadt zuständigen Vogtes. Das Gebäude stammt aus dem Jahr 1662.

◄ Der Kehrwiederturm ist der letzte erhaltene Turm der ehemaligen Befestigungsanlagen

KULTUR IM DOMVIERTEL

Historisch betrachtet ist dies das Zentrum Hildesheims. Hier keim-
te das Bistum im frühen Mittelalter, das schließlich über die Burg-
festung hinauswuchs und sich zur Stadt entwickelte. Der Besucher
kann diese Reise nachvollziehen, sie beginnt im Domhof mit dem
Tausendjährigen Rosenstock. Über die Burgstraße geht es zum Alten Markt, der schließlich in die heutige Innenstadt führt. In west-
licher Richtung lohnen Plätze wie der Magdalenengarten mit dem
Hildesheimer Rosenmuseum und Reste der einstigen Wallanlagen.

siehe große Karte   S. 56/57

SEHENSWERTES

Kreuzgang und Tausendjähriger Rosenstock Ein ganz besonderer Ort im ohnehin beeindruckenden Mariendom.   S. 63 **5**

Roemer- und Pelizaeus-Museum Die Altägypten-Sammlung ist weit über die Landesgrenzen hinaus bekannt.   S. 66 **9**

Kirche St. Michaelis Aus gutem Grund nennt man sie auch „Gottesburg".   S. 68 **10**

Magdalenengarten Ehemaliger Klostergarten mit Rosarium und Weinanbau.   S. 71 **14**

GASTRONOMIE

Nil im Museum Das Restaurant im Roemer- und Pelizaeus-Museum hat auch regionale Spezialitäten auf der Karte.   S. 112 **7**

Die Insel Das Café auf der Insel an der Bischofsmühle lohnt nach dem Sightsseeing.   S. 114 **22**

EINKAUFEN

Kunst & Galerie Volker Grafiken, Ölbilder, Radierungen und mehr in der Scheelenstraße.   S. 120 **8**

Adamski Traditionsgeschäft für stilvolle Herrenbekleidung. S. 119 **1**

ÜBERNACHTUNG

Gollart's Hotel Deutsches Haus Alteingesessenes Hotel in verkehrsgünstiger Citylage.   S. 123 **5**

Rosenduft im Magdalenengarten

SEHENSWERTES

GASTRONOMIE

EINKAUFEN

ÜBERNACHTUNG

1 DOMHOF S. 56

Am viel befahrenen Pfaffenstieg, umringt von historischen Mauern und Gebäuden, ruht die wohl berühmteste Sehenswürdigkeit Hildesheims. Hier liegen die Wurzeln, aus denen das Bistum und die spätere Stadt gewachsen sind, der Überlieferung nach wortwörtlich: Die Domburg entstand auf dem Platz der Marienkapelle (815), die wiederum Kaiser Ludwig der Fromme gebaut haben soll, weil sich sein Reliquiar auf wundersame Weise nicht mehr von einem Strauch lösen lies, der an dieser Stelle wuchs (siehe „Tausendjähriger Rosenstock" S. 64). Der historische Wahrheitsgehalt dieser Geschichte ist jedoch anzuzweifeln.

Vom Fachwerkviertel (Hinterer Brühl) kommend, ist der Zugang zum Dom besonders reizvoll, wenn auch der Name der mittelalterlichen Gasse wenig Rühmliches verheißt: Die Stinekenpforte („Stinkende Pforte") erinnert an den Umstand, dass an dieser Stelle die Fäkalien der Geistlichen in die Treibe landeten. Der heute unterirdisch verlaufende Bach verlief seinerzeit teilweise entlang der Domburgmauer und war damit Teil der Befestigungsanlage. Die hier abzweigende Treibestraße wurde nach dem Gewässer benannt. Auf die Praxis, das Geschäft im Sitzen zu verrichten, weist die Bezeichnung der angrenzenden Straße hin: Hückedahl bedeutet so viel wie „Hocke dort nieder". Heute liegt von alledem nichts mehr in der Luft. Beim Gang durch das efeubewachsene Gemäuer kann sich die Romantik ungehindert entfalten. Ein Torbogen (die Klei-

Im Domhof ist das Mittelalter ganz nahe

ne Dompforte) führt in den südlichen Domhof. Dort befindet sich rechter Hand das barocke Portal (1694) der ehemaligen Domschule, die vermutlich ebenfalls im Jahr 815 gegründet wurde. Hier lernten Schüler, die die Geschichte des Bistums bzw. der Region später maßgeblich prägen sollten: Der heilige Bischof Bernward von Hildesheim, Kaiser Heinrich II. und Dompropst Rainald von Dassel, später Reichskanzler Friedrich I. (Barbarossa). Heute gehört das Gebäude zum Gymnasium Josephinum, der ältesten Schule Hildesheims. Dem Domhof folgend, entdeckt man weitere Spuren der einstigen Befestigungsanlage. Im Nordwesten führt das Paulustor zum benachbarten Roemer- und Pelizaeus-Museum. Daneben steht auch der einzige erhaltene Rest des Mauerrings, den Bischof Bernward zum Schutz errichten ließ. Die doppelte Torausfahrt im Osten des Domhofs, seinerzeit das Petrustor, gehört zum Gebäude der ehemaligen preußischen Regierung.

🚶 👟 ♿ ☕

② BERNWARD-DENKMAL   S. 56

An den heiligen Bernward (ca. 960–1022) erinnert eine mehr als lebensgroße Statue (1893) auf dem Domvorplatz. Der aus Sachsen stammende Bischof prägte die Entwicklung des Bistums Hildesheim maßgeblich. Auch als Politiker und Förderer der Kunst

zählte er zu den bedeutendsten Persönlichkeiten der ottonischen Epoche. So stand der Bischofssitz Hildesheim für einige Jahrzehnte im Zentrum europäischer Geschichte und Kultur. Etwa ab 965 besuchte Bernward die Hildesheimer Domschule. Bevor er im Jahr 993 zum Bischof erkoren wurde, war der junge Adlige am Hof Kaiser Ottos II. als Schreiber tätig. 1010 ließ er den Grundstein für die Klosterkirche Sankt Michael legen, in deren Krypta nun seine Gebeine ruhen. Rund 70 Jahre nach seinem Tod wurde Bischof Bernward durch Papst Coelestin III. heiliggesprochen (1192).

③ MARIENDOM   S. 56
TOP-TIPP

Ein Dom wurde auf diesem Platz erstmals ab dem Jahr 872 von Bischof Altfried errichtet, also etwa 60 Jahre nach dem Bau der Marienkapelle. Fast zwei weitere Jahrhunderte vergingen, bis ein neues Gotteshaus auf den vorherigen Grundmauern errichtet und durch Bischof Hezilo geweiht wurde (1061). Ein heftiger Brand im Jahr 1046 hatte die Domburg stark beschädigt. Im Zweiten Weltkrieg wurde der „Dom St. Mariä Himmelfahrt" abermals zerstört. Ein Großteil der wertvollen Kunstschätze konnte frühzeitig ausgelagert und damit gerettet werden (siehe „Kunstschätze des Doms" S. 60). Das heutige Bild entspricht dem dreischiffigen Vorgängerbau, der im Laufe der Jahrhunderte

WELTKULTURERBE IN NEUEM GLANZ

Es war ein ganz besonderer Tag für Hildesheim. Nach fast fünf Jahren Bauzeit feierte das Bistum die Wiedereröffnung des aufwendig sanierten (rund 30 Mio. Euro) Mariendoms – wie geplant am 15. August 2014. Sie begann mit dem Ritual „Aufschlagen" des Domes, so wie es auch durch Papst Johannes Paul II. zur Eröffnung des Heiligen Jahres (2000) am Petersdom in Rom vollzogen worden war. Um 17 Uhr schlug Bischof Norbert Trelle mit seinem Bischofsstab gegen die historische Bernwardtür. Damit läutete der Geistliche auch wortwörtlich das anstehende Jubiläum „1.200 Jahre Bistum Hildesheim" (815–2015) ein. Es fingen die Glocken im gesamten Bistum für 1.200 Sekunden an zu läuten.

mehrfach erweitert worden war. So stammen die Seitenkapellen aus der Gotik. Der ehemals romanische Vierungsturm stürzte 1718 ein und wurde durch einen barocken Turm ersetzt. Das zweistufige Westwerk wurde im 19. Jh. erneuert, wobei die Basilika St. Godehard (Romanik) als Vorbild diente. Unerwartet schlicht präsentiert sich die moderne Innenausstattung des Kirchensaales (1950er-Jahre), umso mehr heben sich die Kunstwerke und Schätze des Doms hervor. Die Figur der Schutzpatronin Maria ist am rechten Pfeiler am Aufgang des Hochaltares aufgestellt. Das um 1430 geschaffene Kunstwerk stellt eine Besonderheit dar: Die Heilige trägt ein Tintenfass in ihrer rechten Hand; das Jesuskind auf ihrem linkem Arm hält einen Federkiel. Einer Deutung zufolge könnte dies als Sinnbild des Christkinds dienen, das bereits die göttliche Weisheit in seiner gesamten Fülle besitzt. Die „Tintenfassmadonna" schmückte einst das Sitzungszimmer des Domkapitels. Ihre Restauration dauerte fast genauso lange wie die Dom-Sanierung (siehe Kasten) selbst. In der Krypta des Doms steht einer der ältesten Reliquienschreinen des Mittelalters: Der goldene Godehardschrein (ca. 1140) birgt die Gebeine des heiligen Bischofs Godehard, der die Hildesheimer Bistumsgeschichte entscheidend beeinflusste. Der Nachfolger Bernwards wurde zum Stadtpatron berufen und prägte das erste Siegel der Stadt Hildesheims.

Domhof 9 • Tel.: Tel. 05121 307-770 od. -771 • www.dom-hildesheim.de • Dom: Mo.–Fr. 10–18 Uhr, Sa. 10–16.30 Uhr, So. 12–17.30 Uhr, Domfoyer Mo.– So. 10–18 Uhr • Öffentliche Führungen: Jan.–März/Nov./Dez. Fr.–So. 15 Uhr, Apr.–Okt. Di.–So. 15 Uhr, individuelle Führungen nach Absprache (christliche Feiertage ausgenommen). Treffpunkt ist jeweils das Domfoyer/ Eingang Dommuseum • 4 Euro (ermäßigt 3 Euro) pro Person

▶ Das Westwerk des Mariendoms

4 KUNSTSCHÄTZE DES DOMS S. 56

Maßgeblich für die Anerkennung als UNESCO-Weltkulturerbe waren auch die Kunstschätze des Hildesheimer Doms, insbesondere der Domschatz und die Bronzegüsse Bischof Bernwards. Einige bedeutende Stücke seien hier erwähnt.

Bernwardtür Das Westportal des Doms wird von einer Bronzetür verschlossen, die aufgrund ihrer Ausmaße und Gestaltung von besonderem Wert ist. Es handelt sich hier um eine der höchsten (4,72 m) Bronzetüren des Mittelalters. Die Flügel wurden jeweils in einem Stück gegossen. Die nach ihrem Stifter benannte Bernwardtür wurde im Jahr 1015 geschaffen, verkündet die Inschrift. Auf den beiden Türflügeln sind Motive des Alten und Neuen Testamentes einander gegenübergestellt. Dementsprechend ist „Schuld und Erlösung" das übergreifende Thema der insgesamt 16 Bildfelder.

Christussäule Bischof Bernward ist noch ein weiterer Bronzeguss zu verdanken. Ursprünglich gehörte die Christussäule (ca. 1020) allerdings nicht zum Dom, sondern zur Kirche St. Michaelis. Ab 1810 wurde das Kunstwerk auf dem Domhof aufgestellt und erhielt schließlich ihren Platz im Inneren des Doms. Die Gestaltung orientiert sich an der römischen Siegessäule des Kaisers Trajan. Das Relief zeigt verschiedene Szenen aus dem Leben Jesu. Bei dem heutigen Stück handelt es sich um eine Nachbildung des 19. Jh.s, die in manchen Details abweicht. So wurde das Original von einem Kreuz gekrönt, das bereits im 16. Jh. eingeschmolzen wurde.

Heziloleuchter Dieser romanische Radleuchter (11. Jh.) hat seinen angestammten Platz seit 2014 wieder im Langhaus. Das Kunstwerk verfügt über den beeindruckenden Durchmesser von mehr als sechs Metern. In die goldene Lichterkrone sind jeweils zwölf Türme und Tore eingearbeitet, die das himmlische Jerusalem darstellen. Sie wurde seinerzeit von Bischof Hezilo für den wiedererrichteten Dom gestiftet. Der Heziloleuchter gilt als älteste und größte der insgesamt vier erhaltenen mittelalterlichen Lichterkronen in Deutschland. Die 72 Kerzen, die er trägt, werden an besonderen Feiertagen entzündet.

Epiphaniusschrein Der goldene Epiphaniusschrein wurde im frühen Mittelalter (12. Jh.) gefertigt. Längsseitig berichten Gleichnisse von den klugen und törichten Jungfrauen sowie den Talenten, die es zu mehren gilt. Auf den beiden schmalen Seiten sind sechs Heilige abgebildet, darunter Cosmas, Damian und Epiphanius. Vor der Sanierung befand sich der Schrein unter der Altarplatte des Hochaltars. Er enthält Reliquien der Dompatrone.

Der Heziloleuchter im Langhaus

Bronzetaufbecken Das Taufbecken, das sich zuvor im westlichen Bereich des Mittelschiffes befand, wurde ab 1653 in die Georgskapelle (nördliches Seitenschiff) überführt. Die knienden Figuren, die den Taufkessel tragen, stehen für die vier Paradiesflüsse Euphrat, Tigris, Phison und Geon. Die Widmung zu Füßen der Gottesmutter zeigt den Stifter Wilbernus. Möglicherweise handelt es sich hier um den Hildesheimer Dompropst Wilbrand von Oldenburg (13. Jh.). Geschaffen wurde das Taufbecken ca. im Jahr 1220.

5 KREUZGANG UND KAPELLE ST. ANNEN S. 56

Über das Nordparadies oder den östlichen Seiteneingang gelangt man in den Kreuzgang des Doms. Die ehrwürdigen Mauern entführen umgehend in die Zeit, als hier die Geistlichen wandelten oder ihre Prozessionen begannen. Auf zwei Stockwerken – dies ist eine Besonderheit – umgibt der offene Gang einen Innenhof, der als Begräbnisstätte des Domkapitels diente. Davon zeugen die aufgestellten Grabdenkmäler, die teilweise aus dem frühen Mittelalter stammen, darunter eine Grabplatte Bischof Adelogs (12. Jh.). Inmitten des Hofes steht die gotische Annenkapelle (1321), in der die Gedenkfeiern für die Toten abgehalten wurden. Die Halbsäulen der Außenwand sind mit Tierköpfen geschmückt, die zugleich eine Funktion besaßen: Sie leiteten das Regenwasser der Dachrinne ab und fingen auf diese Weise böse Geister ein, daran glaubte man zumindest damals. Auch im Inneren der Kapelle sind (neben einigen Mariendarstellungen) Tierfiguren zu sehen, ein Phoenix und weitere Symbole, die als Sinnbild für Auferstehung gedeutet werden. Vor dem Eingang stehend, erblickt man das Wahrzeichen Hildesheims: An der Apsis gegenüber

Der Tausendjährige Rosenstock an der Apsis des Hildesheimer Doms

der Annenkapelle wächst der Tausendjährige Rosenstock.

6 TAUSENDJÄHRIGER ROSENSTOCK S. 56

Man kann das botanische Wunderwerk, das dort am Gemäuer emporrankt, sachlich betrachten (Heckenrose, lat. Rosa canina L.) oder sich von der Legende verzaubern lassen, die damit verbunden ist. Sie ist in verschiedenen Varianten überliefert. Nach der gängigen Fassung befand sich Kaiser Ludwig der Fromme, Sohn Karls des Großen, mit seinem Gefolge auf einer Jagd. Um einen Gottesdienst zu feiern, ließ er an diesem Platz innehalten. Das mitgeführte Marienreliquiar, das der Kaiser an einen Ast gehängt hatte, wurde anschließend vergessen. Als dessen Kaplan schließlich den Verlust bemerkte und zurückritt, war das Reliquiar fest mit dem Strauch verwachsen und nicht mehr zu lösen. Ludwig der Fromme verstand dies als Fingerzeig Gottes. Er ließ an dem Platz die Marienkapelle errichten und gründete damit das Bistum Hildesheim. Im Zuge der Domsanierung zeigte sich, dass die Legende einen wahren Kern hat: Bei Arbeiten am Fundament der Kirche wurden Reste einer in das 9. Jh. datierbaren Kapelle entdeckt.

Über das tatsächliche Alter des Tausendjährigen Rosenstocks indes lässt sich nur spekulieren. Die Angaben schwanken, auszugehen ist wohl von mehreren Hundert Jahren. Die Bezeichnung kann vielmehr als Sinnbild der Unvergänglichkeit gesehen werden: Unter dem Schutt des im Krieg zerstörten Doms überdauerten die Wurzeln der Pflanze, die sich bereits wenige Wochen später mit neuen Trieben zeigte. In Hildesheim ist die Rose daher ein bedeutendes Symbol, das auch für Wiederaufbau und Wachstum steht. Noch heute sind die Einwohner überzeugt davon, dass die Stadt nicht untergeht, solange die Rose blüht.

Besonders schön ist der Rosenstock natürlich zur etwa zweiwöchigen Blütezeit, deren Beginn allerdings nur bedingt terminiert werden kann. Wer Ende Mai anreist, hat gute Chancen. Das Gründungsreliquiar aus dem 9. Jh. wurde übrigens gefunden. Als „Heiligtum Unserer Lieben Frau" ist es das älteste Stück des Hildesheimer Domschatzes und kann (nach der Wiedereröffnung) im Dommuseum besichtigt werden. Es handelt sich hierbei um eine reich verzierte Silberkapsel, die sterbliche Überreste Mariens und Jesu enthalten soll.

7 DOMMUSEUM S. 56

Auch das im Frühjahr 2015 wiedereröffnete Dommuseum wurde im Zuge der Sanierung umgestaltet und erheblich erweitert. Sein Eingangsbereich liegt nun zentral auf der Nordseite des Domkirchenensembles (Domschule). Es beherbergt den Domschatz, einen der großen Kirchenschätze Europas, sowie weitere Sammlungen, die von hoher Bedeutung für die Kunst- und Kulturgeschichte des Bistums sind. Neben dem bereits erwähnten Gründungsreliquiar sind kostbares Gerät (Kelche, Altarkreuze und -leuchter) sowie liturgische Gewänder zu bewundern, außerdem prächtige Handschriften und weitere Reliquiare. Bei den Kunstwerken, die zum Domschatz gehören, handelt es sich größtenteils um Stücke aus dem 11. bis 13. Jh. Viele Exponate sind auf Stiftungen Bernwards zurückzuführen, u. a. die Bernwardkasel aus goldgelber Seide, die Große Goldene Madonna, das Bernwardkreuz sowie die Silbernen Bernwardleuchter (frühes 11. Jh.).

Öffentliche Führungen werden angeboten, an bestimmten Terminen auch zu Themen, die sich be-

sonders an Familien mit Kindern richten (Preise und alle Termine siehe Homepage).
Domhof 18–21 • Tel.: 05121 307760 • www.dommuseum-hildesheim.de • Di.–So. 10–17 Uhr

8 DOMBIBLIOTHEK S. 56

An dem modernen Gebäude mit dem Rundanbau läuft man leicht vorbei, zumal es etwas abseits des Doms (an der Kreuzung Pfaffenstieg/Bohlweg) liegt. Als Außenstehender ahnt man kaum, dass sich hinter diesen Türen die älteste Bibliothek Norddeutschlands verbirgt, deren Anfänge bis in die Zeit der Bistumsgründung zurückreichen. Die Dombibliothek beherbergt eine Sammlung mittelalterlicher Handschriften (bis 1520), die 230 Bände umfasst. Das bedeutendste Stück ist der aus England stammende Albani-Psalter. Das rund 400-seitige Werk mit seinen reichen Bilderfolgen und aufwendig gestalteten Initialbuchstaben gilt als eines der weltweit schönsten Beispiele mittelalterlicher Buchkunst. Aufgrund seines hohen Wertes wird der Psalter im Tresor der Bibliothek verwahrt. Außerdem verfügt die Dombibliothek über eine Sammlung von rund 1.000 neuzeitlichen Handschriften, zu der auch Chroniken und Tagebücher des 16. und 17. Jh.s gehören. Der Freihandbestand der Bibliothek enthält u. a. Werke der Kirchengeschichte, Theologie, Kunst- und Musikwissenschaft sowie der Naturwissen-schaften und der Wissenschaftsgeschichte.
Domhof 30 • Tel.: 05121 13830 • Di.–Fr. 9–16.30 Uhr, Führungen nach telefonischer Vereinbarung • Ausleihbedingungen: Ausgeliehen werden Materialien, die nicht älter sind als 100 Jahre und nicht von herausragendem Wert oder Format.

9 ROEMER- UND PELIZAEUS-MUSEUM S. 56

TOP-TIPP

Das neben dem Dom gelegene Museum ist über das Paulustor erreichbar. Benannt wurde es nach den beiden Personen, die die Einrichtung durch ihren Einsatz ermöglichten: Ein „Roemer-Museum" wurde in Hildesheim bereits 1844 gegründet. Der Senator, Jurist und Geologe Hermann Roemer initiierte und finanzierte die ersten Ankäufe und Sammlungen. Seinen Namenszusatz erhielt das Museum im frühen 20. Jh., als der Hildesheimer Wilhelm Pelizaeus seine Sammlung ägyptischer Funde stiftete – der Kaufmann, Bankier und Konsul verbrachte einen Großteil seines Lebens in Kairo. Noch heute ist die Altägypten-Sammlung ein wesentlicher Bestandteil des Museums und weltweit eine der bedeutendsten ihrer Art. Sie umfasst inzwischen rund 8.000 Objekte aus mehr als 4.000 Jahren Kulturgeschichte. Berühmt sind vor allem die Exponate des Alten Reiches (2707–2170 v. Chr.), die größtenteils auf dem Pyramidenfriedhof von Gizeh gefunden

Die Altägypten-Sammlung in Hildesheim ist weltberühmt

wurden. Der Abschnitt „Das Leben am Nil" bietet Einblicke in den altägyptischen Alltag, und die Neuaufstellung „Tod in der Wüste" beinhaltet u. a. Reliefs aus der Kultkapelle des Gottes Thot aus dem mittelagyptischen Tuna el Gebel (um 300 v. Chr.). Neben diesem – vermutlich berühmtesten – Herzstück des Museums lohnen aber auch die weiteren Sammlungen und Ausstellungen zu völker- und naturkundlichen Themen. So gibt es eine sehr schöne Alt-Peru-Sammlung, eine paläontologische Sammlung und eine Dauerausstellung mit chinesischem Porzellan (15.–19. Jh.). Auch mit seinen Sonderausstellungen konnte sich das Hildesheimer Museum überregional einen Namen machen. So gab es im Jahr 2012 beispielsweise die Picasso-Ausstellung „Magie der Grafik". Für die Zeit der Dom-Sanierung kann hier außerdem die Bernwardtür besichtigt werden. Das Roemer- und Pelizaeus-Museum umfasst einen modernen Neubau sowie die angeschlossene Martinikirche.

Am Steine 1–2 • Tel.: 05121 93690 • www.rpmuseum.de • Di.–So. 10–18 Uhr, für Gruppen auf Anfrage auch Mo. geöffnet

10 KIRCHE
ST. MICHAELIS
S. 56

TOP-TIPP

Die Burgstraße verbindet den Dom mit der zweiten Welterbestätte Hildesheims. Wer schließlich davorsteht, begreift, weshalb das frühromanische Bauwerk auch „Gottesburg" genannt wird. Mit seinen sechs Türmen, zwei Querhäusern und zwei Choranlagen gleicht St. Michaelis einer Festung, geschaffen für die Ewigkeit, sakrale Macht und zugleich tiefen Frieden ausstrahlend. Von seltener Klarheit ist die symmetrische Anordnung der Baukörper. Die Kirche Bischof Bernwards, heißt es, sollte die Schönheit der göttlichen Ordnung widerspiegeln. Dies äußert sich in beeindruckender Weise und einer seltenen Deutlichkeit auch in mancher Zahlen- und Proportionssymbolik, die im und

am Gebäude abzulesen ist – auch ohne tiefere Kenntnis der Zusammenhänge. St. Michael wurde im Jahr 1010 als Benediktinerkloster auf dem Hügel nördlich der Domburg gegründet, auf dem sich zuvor eine Kreuzkapelle befand.

Im Inneren trägt die fast 30 Meter lange Holzdeckenmalerei zur Einmaligkeit der Kirche bei. Mit einem Spiegelwagen, der meist im Mittelgang steht, lassen sich die zahlreichen Details gut betrachten. Das Gemälde wurde zu Beginn des 13. Jh.s von einem unbekannten Mönch geschaffen. Es zeigt den Stammbaum Christi, die Paradiesflüsse und weitere biblische Motive. Das auf Eichenbrettern gemalte Kunstwerk überstand die Zerstörung der Kirche im Krieg, da es rechtzeitig ausgelagert werden konnte. Bei dem Bild, das Christus als Weltenrichter darstellt (letztes

Die „Gottesburg" St. Michaelis gleicht einer Festung

Hauptfeld), handelt es sich allerdings um eine Rekonstruktion aus dem 20. Jh. Wer genau hinsieht, erkennt es an den etwas heller gefassten Brettern. Das Original war bereits im Jahr 1650 beim Einsturz des Vierungsturmes zerstört worden, genauso wie ein Teil der Engelchorschranke (1194–1197). Der nördliche Teil der fein gearbeiteten Schranke konnte erhalten werden. Vom Kreuzgang (ca. 1250), der vom hinteren Garten aus zu erkennen ist, besteht noch der Westflügel. Er wird heute von einem Glasumbau geschützt. Sehenswert ist auch die Krypta mit dem Grab Bischof Bernwards, die sich noch heute in katholischer Obhut befindet. Von dieser Ausnahme abgesehen, wurde St. Michaelis im Zuge der Reformation (1542) zur evangelischen Gemeindekirche. Als Zeugnis ottonischer Baukunst wurde sie in den 1950er-Jahren wiederaufgebaut.

Michaelisplatz 1 • Apr.–Okt. 8–18 Uhr, Nov.–März 9–16 Uhr, keine Besichtigung während der Gottesdienste, Konzertproben und Zeremonien • Kirchenführungen für Gruppen auf Anfrage • Gottesdienst: So. 10 Uhr, Apr.–Okt. auch 8.30 Uhr, Mittagsgebet Mo.–Sa. 12 Uhr •

11 ALTER MARKT S. 56

Unspektakulär erscheint diese Wohnstraße, die inmitten des Domviertels verläuft. Der Name aber weist auf die stadtgeschichtliche Bedeutung hin: Während der historische Marktplatz mit dem heutigen Rathaus (siehe S. 24) erst im 13. Jh. entstand, lehnt sich die

Geschichte des Alten Marktes an die Gründungszeit des Bistums Hildesheim an, in der sich das Leben noch innerhalb der Domburg abspielte. Mit dem Bau der Michaeliskirche entwickelte sich die Siedlung zwischen den beiden sakralen Stätten und lieferte die Keimzelle für die spätere Entwicklung Hildesheims zur Stadt. Der ebenfalls von der Burgstraße abzweigende „Lange Hagen" bildete einst eine Heckenbefestigung, die den Alten Markt umschloss. Vom einstigen Markttreiben indes ist heute nichts mehr zu erkennen. Nachkriegsbebauung begleitet die kopfsteingepflasterte Straße, die mit ihren vielfarbigen Fassaden dennoch einen Spaziergang wert ist. In östlicher Richtung führt der Alte Markt unmittelbar zum Kaiserhaus, einer weiteren Hildesheimer Sehenswürdigkeit.

12 KAISERHAUS-FASSADE S. 56

Im Jahr 1586 sorgte der Hildesheimer Advokat Caspar Borcholt für Aufsehen, als er in der Fachwerkstadt einen reich verzierten Steinbau errichten ließ. Medaillons mit Darstellungen römischer Kaiser schmücken die im Stil der Renaissance gestaltete Fassade. Darüber sind Figuren zu sehen, die die vier Weltreiche der Antike repräsentieren. Die wesentlichen Steinarbeiten wurden wahrscheinlich von der Bildhauerfamilie Wolf umgesetzt, die seinerzeit zu den bedeutendsten Künstlern der Region zählten.

Die Kirche St. Magdalenen vermittelt dörfliche Idylle

Ein Teil des Kaiserhauses hatte den Zweiten Weltkrieg überstanden, sodass die Fassade an einem Neubau wiederaufleben konnte (1998). In dem Gebäude wurde das Hildesheimer Hornemann Institut gegründet, eine Institution zur Erhaltung des Weltkulturerbes sowie Fortbildungsstätte für Restauratoren und Denkmalpfleger.

Alter Markt 1 · 🔒 👤 👪 ♿

13 KIRCHE
ST. MAGDALENEN   S. 56

Am westlichen Ende der Straße „Alter Markt" bietet sich ein idyllisches Bild. Dörflich mutet der Platz vor der abzweigenden Mühlenstraße an, zur Rechten die Gemäuer von St. Magdalenen, nach vorne öffnet sich der Blick über das grüne Umland. Man hört die unterhalb der Anhöhe verlaufende Innerste rauschen. Die ursprünglich romanische Magdalenen-Kirche wurde im 13. Jh. errichtet, damals als Teil des ersten Hildesheimer Nonnenklosters (Süsternkloster). Während des Barocks erhielt das Bauwerk einige bauliche Veränderungen. Eine Besonderheit ist der kunstvoll geschnitzte „Altar der Gebrüder Elffen" (1520), so benannt nach seinen Stiftern, fälschlicherweise mitunter auch als „Elfenaltar" bezeichnet. Die einzelnen Felder zeigen u. a. das Abendmahl, die Grablegung und Wiederauferstehung Christi. Im mittleren Feld ist die Kreuzigung vor Hildesheimer Kulisse dargestellt: Man erkennt die Kirche St. Michaelis im Hintergrund. In einer Vitrine unter dem Altar zieht der kostbare Bernwardschrein (1751) die Blicke auf sich. Der mit überaus kunstvollen Goldschmiedearbeiten versehene Schrein enthält die Reliquien des heiligen Bischofs. Hinter der Magdalenenkirche befindet sich das ehemalige Klostergebäude.

Mühlenstraße 25 • Mo.–Sa. 9–17 Uhr, So./Feiertag 12–17 Uhr • Gottesdienst: Mo.–Fr. 7.15/18.30, Sa. 7.15/17.30, So.7/20 Uhr

14 MAGDALENEN-GARTEN S. 56

Rechts an der Kirche vorbei führt die kleine Süsternstraße zum Magdalenenhof, einem Senioren- und Pflegeheim. Auf den ersten Blick scheint es hier nicht viel zu sehen zu geben – doch es lohnt sich weiterzugehen, dies ist gestattet: Etwas versteckt hinter den Gebäuden befindet sich der Eingang zum Magdalenengarten. Die rund 20.000 Quadratmeter große Anlage wurde zu Beginn der 2000er-Jahre von dem Landschaftsarchitekten Dr. Hans-Joachim Tute nach dem barocken Vorbild neu gestaltet. Der Mittelweg war, darauf lassen Ausgrabungen schließen, bereits vor 800 Jahren vorhanden. Herzstück ist das Rosarium, ein Schmuckgarten mit rund 1.500 Rosen, Rasenflächen und Wegen, die zum Lustwandeln einladen. Außerdem gibt es einen Obstgarten sowie einen Bereich, in dem Wein angebaut wird. Die mit Reben bepflanzte Anhöhe erlaubt obendrein eine schöne Aussicht auf das Hildesheimer Land. Der ehemalige Klostergarten entstand im Jahr 1224 und versorgte die Geistlichen seinerzeit mit Obst uns Gemüse. Während des 19. und 20. Jh.s lag das Gelände brach und verwilderte. Für den heutigen Unterhalt ist die Roseninitiative Hildesheim e.V. zuständig

Mühlenstraße •

> **TIPP** Das alljährliche Magdalenenfest • www.magdalenen-fest-hildesheim.de

Der Rosenpavillon im Magdalenengarten

AUSSERHALB DER CITY

Unweit der zentralen Hildesheimer Sehenswürdigkeiten, jedoch bereits außerhalb der Innenstadt, liegen einige lohnende Ziele, grüne Flecken und historische Plätze, die man sich nicht entgehen lassen sollte. Ein Spaziergang durch die Wallanlagen bietet neben entspannenden Momenten mancherlei Einblicke in die Vergangenheit der einstigen Festungsstadt. Innerhalb Hildesheims sind auch Naherholungsgebiete wie der Hohnsensee, der Stadtwald am Steinberg und der Galgenberg zu entdecken. Nach ausgiebigerer Wanderung oder kurzer Autofahrt sind Ziele wie der Hildesheimer Wald, das Kloster Marienrode und die Domäne Marienburg erreicht. Auch Kulturfreunde finden nahe der City ihre Plätze: Die Galerie im Stammelbachspeicher und der Szenetreff an der Bischofsmühle sind längst Institutionen.

SEHENSWERTES

Wallanlagen Spaziergang auf und entlang der historischen Stadtbefestigung.   S. 76 **1**

Hohnsensee Bade- und Freizeitsee mitten in Hildesheim.   S. 78 **4**

Kloster Marienrode Das Nonnenleben kennenlernen und Idylle genießen.   S. 80 **8**

Gelber Turm mit Sternwarte Aussichtsplattform und Spiegelteleskop auf dem Kammweg des Galgenbergs.   S. 84 **12**

GASTRONOMIE

LewensLust Steaks und mehr im historischen Forsthaus.   S. 111 **3**

Hildesheimer Aussichtsturm Wildspezialitäten auf dem Sonnenberg im Hildesheimer Wald.   S. 111 **1**

siehe große Karte   S. 74/75

ÜBERNACHTUNG

Parkhotel Berghölzchen 4-Sterne-Hotel am beliebten Moritzberger Stadtwald.   S. 123 **2**

Landgasthof Zur scharfen Ecke Rustikales Ambiente und schöne Ausflugsmöglichkeiten.   S. 124 **9**

KULTUR

Schulmuseum Stiftung Universität Hildesheim Im historischen Klassenzimmer den Unterricht von anno dazumal erleben.   S. 130 **5**

Kulturzentrum Bischofsmühle Livemusik im urigen Kellergewölbe an der Wildwasser-Kanustrecke.   S. 131 **9**

Im Ernst-Ehrlicher-Park

Giesen

Innerste

6

Emmerke

HIMMELSTHÜR

MORITZBERG

SORSUM

HILDESH

NEUHOF

OCHTERSUM

243

Marienrode

Barienrode

Söhre

SEHENSWERTES

1 Wallanlagen   S. 76
2 Bischofsmühle   S. 77
3 Ernst-Ehrlicher-Park   S. 78
4 Hohnsensee   S. 78
5 Berghölzchen   S. 79

6 Stadtwald am Steinberg   S. 79
7 Moritzberg   S. 80
8 Kloster Marienrode   S. 80
9 Domäne Marienburg   S. 82
10 Centre for World Music   S. 83
11 Galgenberg   S. 83

GASTRONOMIE

ÜBERNACHTUNG

KULTUR UND FREIZEIT

1 WALLANLAGEN S. 74

Der Befestigungsring, der im Mittelalter (15. Jh.) zum Schutz Hildesheims errichtet worden war, ist noch teilweise erhalten: Die Wallanlagen umschließen etwa zwei Drittel der Innenstadt. Mit Bäumen und Buschwerk bepflanzt, laden sie zu Spaziergängen und Pausen ein, eine Möglichkeit, die auch die Einwohner rege nutzen. Über das Wegenetz sind viele Plätze der City gut erreichbar, zugleich erhält man da und dort einen Eindruck davon, wie die frühere Befestigung verlief und ausgesehen haben muss. Nicht an allen Stellen ist dies gut erkennbar, im Norden und Osten strömt der Verkehr im Bereich der einstigen Stadtmauern (Kaiserstraße, Zingel). Auch auf den Wällen, deren Struktur und höhere Lage charakteristisch sind, benötigt man mitunter Fantasie, um sie als solche zu erkennen. Dies gilt auch für das ehemalige Grabensystem, das teilweise erhalten blieb (Kalenberger Graben, Seniorengraben), teils aber auch mehr einem tiefer liegenden Park ähnelt. So bildete der Liebesgrund damals den vorgelagerten Graben des (noch bestehenden) Hagentorwalles. An vielen Plätzen grüßt die vergangene Zeit ganz eindeutig. Am Kehrwiederwall beispielsweise sind noch Reste der ehemaligen Stadtmauer sowie der letzte erhaltene Befestigungsturm zu sehen (siehe Kehrwiederturm S. 51). Beim Johannisspital steht ebenfalls noch ein Mauerrest, auch die Johannisbrücke, die nahe der Dammstraße über die Innerste führt, war Teil der Wehranlage – man erkennt es noch an einigen

Entspannung am Kehrwiederwall

Das „Wildwasser" an der Bischofsmühle wird zum Kanutraining genutzt

Schießscharten. Anderenorts erinnern Hinterlassenschaften an die Zerstörung im Zweiten Weltkrieg: Am Liebesgrund befindet sich noch der Eingang zu einem Luftschutzbunker, in den die Kunstschätze des Mariendoms und der Michaeliskirche ausgelagert wurden.

🔲 🔲 🔲 🔲 (teils mit Einschränkungen)

2 BISCHOFSMÜHLE   S. 74

Westlich der Hildesheimer City verläuft die Innerste. Die Randbezirke eingerechnet, prägt der im Oberharz entspringende Fluss fast zwölf Kilometer des Stadtbereiches. Bei der Kirche St. Magdalenen zweigt sich der Nebenarm „Mühlengraben" ab. Der Platz mit seinen Stromschnellen wird auf besondere Weise genutzt: An der Bischofsmühle befindet sich eine Kanusportanlage mit Wildwasserstrecke. Für Sportler wie Zuschauer ist dies daher eine beliebte Anlaufstelle. Die beste Sicht bietet sich von der Brücke und von der Terrasse des Inselcafés (siehe Gastronomie S. 114).

Auch für Kulturfreunde ist „die Mühle" ein geschätzter Treffpunkt. Das Gebäude auf der Insel, errichtet auf den Grundmauern der ehemaligen Bischofsmühle, wird teilweise als Veranstaltungszentrum genutzt. In dem urigen Kellerklub gibt es Konzerte (Blues, Jazz, Rock, Funk & Soul usw.) und andere Highlights, die der Verein Cyclus e. V. organisiert.

Dammstraße 32 • Nutzung der Wildwasserstrecke nur nach telefonischer Absprache: Kanuzentrum Hildesheim • Tel. Bootshaus: 05121 133983, ab 19

Uhr: 05121 9276843 • www.kanuzentrum.de • Der Club ist nur zu bestimmten Terminen geöffnet. Infos: Cyclus 66 e. V. • Tel.: 05121 9994355 • www.bischofsmuehle.de

3 ERNST-EHRLICHER-PARK S. 74

Über den Langelinienwall gelangt man, den Kalenberger Graben linksseitig passierend, schließlich zum Ernst-Ehrlicher-Park. Die überschaubare Grünanlage liegt in unmittelbarer Nachbarschaft der Basilika St. Godehard (siehe S. 46) und steht in einem engen historischen Zusammenhang mit dem ehemaligen Benediktinerkloster: Im 13. Jh. nutzten die Mönche diese Fläche u. a. für den Weinanbau – die östlich verlaufende Straße „Weinberg" deutet noch darauf hin. Im 19. Jh. befand sich der Garten vorübergehend im Besitz des Hildesheimer Kaufmanns und Generalkonsuls Gottfried Ludwig Dyes, der hier eine Villa errichten ließ. Es handelt sich dabei um das schlossähnliche Gebäude am Weinberg Nr. 64. Das dazugehörige Gelände, das den heutigen Park bildet, wurde im englischen Landschaftsstil gestaltet. Noch immer erkennbar ist das zugrunde liegende Konzept mit Rasenflächen, altem Baumbestand, kleinen Brücken und Teichen. Neueren Datums ist das „Rosenlabyrinth", das im Jahr 2006 als Ort der Begegnung geschaffen wurde. Die aus Pflastersteinen gestaltete Blüte in der Mitte sowie die – fünf Blättern

entsprechende – Umfriedung des Labyrinths stellen den Bezug zur Hildesheimer Rose her.

Seit 1929 zählt der Park zu den öffentlichen Grünflächen der Stadt. Namensgeber war der damalige Hildesheimer Oberbürgermeister Ernst Ehrlicher (1872–1951). Von hier aus gibt es die Möglichkeit, über den angrenzenden Kehrwiederwall den Stadtkern noch ein weiteres Stück zu umrunden oder geradeaus ins Grüne zu laufen: Wo Innerste und Mühlengraben zusammenfließen, beginnt das Naherholungsgebiet Hohnsensee.

4 HOHNSENSEE S. 74
ENTDECKER-TIPP

Aufgrund der schnellen Erreichbarkeit kann man den Hohnsensee als Badesee „in" der Stadt bezeichnen, am See selbst indes ist die City ganz weit weg. Liegewiesen und unverbaute Blicke machen das künstlich angelegte Gewässer zu einem bei Hildesheimern wie Besuchern beliebten Ausflugsziel. Der nördliche Bereich des insgesamt rund 95.000 Quadratmeter großen Sees gehört zum Freibad Johanniswiese, das neben einem Schwimmbecken auch einen 150 Meter langen Seebadestrand eingerichtet hat. Gebadet wird mitunter auch in den anderen Bereichen des Hohnsensees, hier geschieht es jedoch auf eigene Gefahr. An Sommerabenden lässt es sich im Strandbad bestens chillen. Auf der gegenüberliegen-

Das Wildgehege im Stadtwald am Steinberg

den Seeseite lädt das Restaurant „Noah" zum Speisen oder Kaffeetrinken mit Blick über das Wasser ein. Paddelfreunde zieht es zur Kanu-Verleihstation. Die Anfahrt erfolgt über die Straße „Hohnsen", die den See mit dem südöstlichen Hildesheim verbindet.

Freibad JoWiese • Lucienvörder Allee 1 • Tel.: 05121 35575 • www.jowiese. de •

5 BERGHÖLZCHEN S. 74

Für einen schönen Panoramablick über Hildesheim fährt man am besten in Richtung Moritzberg, so heißt der westlich der Innerste gelegene Stadtteil. Dort erhebt sich, inmitten des Wohngebietes, ein bewaldeter Bergrücken. Das Gelände gehörte bereits seit frühen Mittelalter (11. Jh.) dem Moritzstift und ging rund 800 Jahre

später in den Besitz der Klosterkammer über. Als Grünanlage zur Erholung der Hildesheimer Bürger wurde es im 18. Jh. gestaltet. Von der City aus ist die kleine Oase am besten über die Dammstraße (Verlängerung der Schuhstraße) zu erreichen. Am Rande des Berghölzchens befindet sich ein alteingesessenes 4-Sterne-Hotel. Es lohnt sich, auch das umliegende Viertel zu erkunden.

6 STADTWALD AM STEINBERG S. 74

Den Waldwegen vom Berghölzchen aus Richtung Süden folgend, lässt sich die Wandertour am angrenzenden Steinberg fortsetzen. Autofahrer können die direkte Verbindung über die Steinbergstraße nutzen. Am Steinberg findet sich alles, was zu einem Stadtwald gehört: Forstlehrpfad, Waldmuseum und das Wildgehege Ochtersum machen die Touren auch für Familien interessant. Im Wildgehege leben Dam- und Rotwild, Waschbären, Marder, Eulen sowie Greifvögel, außerdem gibt es einen Bereich mit Kaninchen, die auch gestreichelt werden dürfen. Im ebenfalls in Ochtersum ansässigen Amphibienbiotop sind die geschützten Arten Gelbbauchunke und Kammmolch zu Hause. Wanderer, die gerne eine weitere Strecke laufen, gelangen vom Steinberg aus zum westlich gelegenen Hildesheimer Wald. Nur ein kleines Stück Wohngebiet ist zu passieren, bis es noch tiefer in die Natur geht. Höchste Erhebung in dem weitläufigen Waldgebiet ist der Griesberg (359 m). Auch der noch vor der Baumkante verlaufende „Panoramaweg" lohnt die Schritte – der Name ist Programm.

7 MORITZBERG S. 74

Die humorvolle Haltung und Präsenz der heutigen Einwohner zeigt, dass Moritzberg ein etwas anderer Stadtteil ist. Als „kleines, zänkisches Bergdorf" bezeichnen die Bürger ihr Viertel auf der (selbstverständlich) quartierseigenen Homepage. Das Geplänkel hat Tradition: Im Mittelalter herrschte Rivalität zwischen den vorrangig katholischen Moritzbergern und den überwiegend evangelischen Hildesheimern, die oft einen blutigen Tribut forderte und 1332 im Untergang der vom Moritzberger

Stift gegründeten Dammstadt gipfelte. Im 19. Jh. veränderte sich die Einwohnerstruktur, als der Moritzberg im Zuge der Industrialisierung zum Arbeiterquartier wurde und sich zunehmend Protestanten unter die Bevölkerung mischten. Nach langem Hin und Her stimmte die einst selbstständige Ortschaft der Eingemeindung zu. Im April 1911 wurde auf dem Marktplatz das Wappen des Stiftsdorfes an die Stadt Hildesheim übergeben. Das heutige Stadtbild ist eher von modernen Wohnhäusern und ausgebauten Straßen geprägt, doch wer sich genauer umsieht, entdeckt sie, die Plätze, die noch den historischen Charme versprühen, die urigen Gaststätten und lauschigen Biergärten. In der Zierenbergstraße steht die neugotische Christuskirche (1899) mit schmucken Wandmalereien im Innenraum. www.hi-moritzberg.de •

8 KLOSTER MARIENRODE S. 74

Vom Hildesheimer Wald aus bietet sich ein Abstecher zum Kloster Marienrode (nahe der Ortschaft Neuhof) an, das auch ein lohnenswertes Tagesziel ist. Von Feldern und Weihern umgeben, lädt das Gelände zu Spaziergängen und zum Verweilen ein. Die Einrichtung wurde im Jahr 1125 als Augustiner Chorherrenstift durch

▶ Romantische Klosteranlage Marienrode

80

Bischof Berthold von Hildesheim gegründet und später von den Zisterziensern genutzt. Im Zuge der Säkularisation (1806) erfolgte die Auflösung des Klosters. Fast zwei Jahrhunderte vergingen, bis die Anlage an die katholische Kirche zurückging (1986). Seit 1988 dient sie wieder als Kloster und beherbergt derzeit elf Benediktinerinnen sowie einen Spiritual. Gäste sind herzlich willkommen – unabhängig von Konfession und Glaubensbekenntnis. Das Kloster Marienrode steht auch Besuchern offen, die einmal an den Gebetszeiten teilnehmen oder sich einfach nur den Klosterhof ansehen möchten. Im Exerzitien- und Gästehaus können Zimmer für Übernachtungen gebucht werden. Sehenswert ist der alte Gutshof mit dem „Taubenturm" im Mittelpunkt. Die schlichte Klosterkirche St. Michael, das älteste Gebäude auf dem Gelände, spiegelt die Tradition des Zisterzienserordens im Mittelalter wider. Im Klosterladen sind neben religiöser Literatur, Kirchenkunst, Meditationsmusik auch Mitbringsel wie klostereigener Honig sowie Rad- und Wanderkarten erhältlich. Zisterzienserstraße 1 • Tel.: 05121 930410 • Kirchenführung mit Informationen über das klösterliche Leben für Gruppen nach telefonischer Absprache •

9 DOMÄNE MARIENBURG S. 74

ENTDECKER-TIPP

Auch dieses historische Anwesen im Hildesheimer Süden lohnt den Besuch. Von der Wasserburg, die Bischof Heinrich III. im Sumpfland der Innerste erbauen ließ (1346),

Im Hofcafé der Domäne Marienburg

sind noch einige Gebäudeteile erhalten, u. a. der Burgturm. Heute gehört die Domäne Marienburg zur Stiftung Universität Hildesheim, weshalb der Großteil des Gebäudes den Studierenden vorbehalten ist. Hier sind die Institute für Bildende Kunst- und Kunstwissenschaft, Theater und Medien sowie die Szenischen Künste angesiedelt. In der sanierten Steinscheune haben die Druckwerkstätten des Zentrums für Grafische Medien ihren Platz gefunden. Einige Bereiche der Domäne Marienburg sind frei zugänglich. Das Hofcafé ist gleichermaßen auf den Kaffeedurst des akademischen Nachwuchses wie der Spaziergänger eingestellt.

Im alten Pächterhaus befindet sich ein öffentliches Museum der besonderen Art: Das Schulmuseum zeigt den Unterricht zur Kaiserzeit um 1900. Im original eingerichteten Klassenzimmer erfahren die Besucher, wie eng die alten Schulbänke waren, und lernen die strengen Schulregeln von anno dazumal kennen. Die Domäne Marienburg ist auch ein beliebter Schauplatz für verschiedene Veranstaltungen. Übrigens: Die Domäne Marienburg ist nicht zu verwechseln mit dem Schloss Marienburg in Nordstemmen, das ebenfalls zum Hildesheimer Einzugsgebiet gehört (siehe S. 100).

Domänenstraße • Stadtbuslinie 3 und Regionalbuslinien 2320, 2454, 2456 (Haltestelle Itzum/Scharfe Ecke, Fußweg zur Domäne ca. 10 Min.) • Schul-

museum Di. 9–12, Mi. 15–18 Uhr, Mai–Okt. auch am 1. So. des Monats 15–18 Uhr • Eintritt auf Spendenbasis

🔟 CENTRE FOR WORLD MUSIC   S. 74

Seit 2009 etabliert sich in Hildesheim ein musikethnologisches Museum, das seinesgleichen sucht. Im „Center for World Music" der Stiftung Universität Hildesheim kommen private Musikfreunde wie Musikwissenschaftler in den Genuss umfangreicher Tonträger- und Instrumentensammlungen. Darunter u. a. eine der größten Schallplattensammlungen Deutschlands: Das „Music of Man Archive" des Musikethnologen Prof. Dr. Wolfgang Laade umfasst ca. 50.000 Tonträger, außerdem rund 10.000 Bücher und 1.000 Musikinstrumente, eine Dauerleihgabe der Stiftung Niedersachsen. Als feste Ausstellung hat der in Fachkreisen bekannte Sammler Rolf Irle seine rund 3.000 Musikinstrumente gestiftet. Das noch junge Museum wurde vorübergehend in der ehemaligen Timotheuskirche und dem angrenzenden Pfarrhaus untergebracht. Geplant sind Konzerte, Filmabende, Vorträge, Künstlergespräche und weitere Ausstellungen.

Timotheusplatz/Schillstraße (vorübergehend) • Kontakt: Stiftung Universität Hildesheim • Tel.: 05121 88392350

🔟➊ GALGENBERG   S. 74

Dieser Höhenzug (164 m) im Südosten der Stadt ist ein weiteres beliebtes Naherholungsgebiet. Durch den Wald führt der über dem Bergkamm verlaufende Hildesheimer Harzweg, der als Fernwandertour fortgesetzt werden kann. Beim Berggasthof „Brockenblick" kann man, gute Sichtbedingungen vorausgesetzt, bis zum höchsten Gipfel Norddeutschlands schauen. Auf den angrenzenden Wiesen treffen sich die Einheimischen zum Fußball oder Boule; bei Schnee verlagert sich das Vergnügen auf zwei Rodelbahnen. Im Wald wird derzeit ein Trimm-dich-Pfad mit 17 Stationen eingerichtet. Der erste Abschnitt eines neuen Waldökologie-Lehrpfades ist bereits begehbar. Eine beliebtes Tagesziel in südöstlicher Richtung ist die Ortschaft Lechstedt mit ihrer Obstweinschänke (siehe Gastronomie S. 111).

Auf dem Galgenberg selbst führen verschiedene Wanderrouten vorbei an Stätten, die für Hildesheim von historischer Bedeutung sind, u. a. dem Silberfund-Denkmal (siehe S. 86). Ein guter Startpunkt ist der Parkplatz am Heiligenweg. Von hier aus sind bald zwei Panoramaplätze erreicht: Die Aussichtsplattform des Bismarckturmes ermöglicht einen schönen Rundblick. Der Turm wurde 1905 dem ehemaligen Reichskanzler (Amtszeit 1871–1890) errichtet. Unweit davon ist die „Bratpfanne" erkennbar. Von dem weniger würdevollen Namen sollte man sich nicht täuschen lassen: Das schlichte Rondell, dessen Form an ein Kochgerät erinnert, bietet ebenfalls einen herrlichen Blick über die Stadt. Vom Bismarckturm aus sind es wenige Meter bis zum ehemaligen Richtplatz, er befindet sich auf der linken Seite des breiten Spazierweges (in ansteigender Richtung). Hier stand fast fünf Jahrhunderte lang (1325–1809) das Hinrichtungsgerät, das dem Berg seinem Namen gab. Eine Nachbildung verdeutlicht, wie die aus drei Pfeilern bestehende Holzkonstruktion aussah. Zu jener Zeit war das Gebiet noch unbewaldet, sodass die Exekutionen weithin verfolgt werden konnten. Die Aufforstung erfolgte im späteren 19. Jh.

12 GELBER TURM MIT STERNWARTE   S. 74

ENTDECKER-TIPP

Dem Kammweg des Galgenbergs folgend, gelangt man zu einem weiteren Turm. Aus gelbem Backstein errichtet (1886), war dieser zunächst als reiner Aussichtspunkt vorgesehen. Als in den 1990er-Jahren der Abriss drohte, formierte sich die Bürgerinitiative „Verein zur Rettung des Gelben Turms" – mit Erfolg. 1999 wurde der ehemalige Aussichtsturm auf dem Spitzhut umgebaut: Als Volkssternwarte wurde er mit einem Spiegelteleskop ausgestattet, das faszinierende Einblicke in den Sternenhimmel ermöglicht.

▶ Vom Gelben Turm hat man einen guten Ausblick über die Stadt

In der Nähe dieses Steins wurde 1868 römisches Tafelsilber gefunden

Mit einer Brennweite von 4,80 Metern macht das Gerät Sterne sichtbar, die 10.000-mal lichtschwächer sind als jene, die das bloße Auge noch erkennt. Das Mauerwerk des Gelben Turmes schmückt die Hildesheimer Jungfrau, die Symbolfigur der Stadt.

Kontakt: Hildesheimer Gesellschaft für Astronomie e.V. • Tel.: 05121 880456 • www.higa-ev.de • jeden Freitagabend (außer Juli) für Interessierte geöffnet, die genauen Zeiten passen sich dem saisonalen Sonnenuntergang an und können auf der Internetseite des Vereins gefunden werden • Terminanfragen für individuelle Sternführungen möglich

13 SILBERFUND-
DENKMAL   S. 74

Eine schöne Rundwanderung ergibt sich, wenn man (von Norden kommend) nach Passieren des Gelben Turmes an einem der Waldwege rechts abbiegt und sich erneut rechts hält, sobald sich der Wald lichtet. An der südwestlichen Waldkante führt ein kleiner Trampelpfad mal durch das Unterholz, mal am freien Feld entlang, bis zur Linken schließlich zunehmend Bebauung sichtbar wird. Kurz hinter dem Landesbildungszentrum für Gehörgeschädigte fällt ein großer Findling am Straßenrand auf. Eine

Inschrift erinnert an den berühmten Hildesheimer Silberfund, der hier am 17. Oktober 1868 in unmittelbarer Nähe entdeckt wurde. Die Nachbildung des römischen Tafelsilbers ist im Stadtmuseum zu besichtigen (siehe S. 28). Der Gedenkstein ist auch mit dem Auto über die Silberfundstraße erreichbar.

14 HIMMELSTHÜR   S. 74

Nördlich von Moritzberg schließt sich der Ortsteil Himmelsthür an, der bundesweit bekannt ist: Jährlich gehen Tausende von Briefen an die Adresse „An den Weihnachtsmann in Himmelsthür, 31137 Hildesheim". Hier gab es zeitweise sogar eine eigene Weihnachtspost-Filiale, die allerdings inzwischen geschlossen wurde. Das Wohnviertel an sich ist weniger spektakulär, doch viele Touristen schauen vorbei, um das himmlische Ortsschild zu fotografieren.

15 BURG STEUERWALD   S. 74

Das Anwesen im Norden Hildesheims ist vor allem für Pferdefreunde interessant. Auf Burg Steuerwald hat der örtliche Reit- und Fahrverein seinen Sitz, die historische Stätte kann also in dem Sinne nicht besichtigt werden. Doch schon der Anblick der ehemaligen Wasserburg ist lohnenswert, bei einer Wanderung oder Radtour in der Umgebung lässt sich dies gut einbinden. Die Wegenetze sind gut erschlossen. Der Verein bietet auch Reitkurse und Ausritte (Reiterpass erforderlich) an. Erbaut wurde Burg Steuerwald im frühen 14. Jh. Burgturm, Palas sowie ein Teil der Burgmauer samt Graben sind noch erhalten. Zur Burg gehört auch die Magdalenenkapelle (1310), die zu Beginn des 16. Jh.s im Stil der Gotik neu gestaltet wurde. Die Kapelle ist zu besonderen Anlässen geöffnet.

Mastbergstraße 19 • Reit- und Fahrverein Hildesheim e. V. • Tel.: 05121 57720 • www.reitverein-hildesheim.de

16 GALERIE IM STAMMELBACHSPEICHER   S. 74

Am Rande der Innenstadt kommt auch die Kultur nicht zu kurz. Nahe des Bahnhofs befindet sich die Galerie im Stammelbachspeicher. Im Ambiente einer rund 80 Jahre alten Lagerhalle gibt es zeitgenössische Kunst zu sehen. Kulturschaffende aus Hildesheim und Umgebung, aber auch aus dem In- und Ausland, stellen hier ihre Werke vor. Außerdem gibt es eine Gemeinschaftsausstellung des „Bundes Bildender Künstlerinnen und Künstler" (BBK), der die Galerie im Jahr 2002 ins Leben rief. Namensgeber ist die Firma Stammelbach, die wie die Sparkasse und die Weinhagenstiftung zu den Sponsoren der Galerie gehört.

Wachsmuthstraße 20/21 • Sa./So. 11–18 Uhr, größere Gruppen auch nach Absprache • www.galerieimstammelbachspeicher.de

AUSFLÜGE INS HILDESHEIMER LAND

Besucher, die mehrere Tage in Hildesheim verbringen, sollten die Gelegenheit nutzen und auch das weitere Umland näher erkunden. Die Region der Burgen und Schlösser verführt mit märchenhaften Bauwerken und historischen Highlights, in der Hildesheimer Börde gibt es viele Windmühlen. Bei Bad Gandersheim hat die Kulturleidenschaft der Bürger einen ganz besonderen Radweg hervorgebracht, rund um Schloss Derneburg gefällt der Laves-Kulturpfad. Mit dem Fagus-Werk in Alfeld kann ein dritter Weltkulturerbe-Bau besichtigt werden, und der Kurort Bad Salzdetfurth hat eine Sole-Therme zu bieten. Dank spannender Freizeitparks wie dem Rasti-Land und dem Familienpark Sottrum kommt auch der Nachwuchs nicht zu kurz.

SEHENSWERTES

Schloss Marienburg Märchenschloss mit romantischer Entstehungsgeschichte.   S. 100 **11**

Fagus-Werk Alfeld Der erste Industriebau der Moderne zählt zu den UNESCO-Welterbestätten.   S. 93 **2**

Bad Salzdetfurth Kurort mit ehemaliger Saline, Wasserlehrpfad und Bergbaumuseum.   S. 96 **5**

Radweg zur Kunst Sportlich aktiv sein und dabei Kunstwerke bewundern.   S. 99 **9**

Schnarchmuseum Alfeld Das Museum zur Kulturgeschichte des Schnarches zeigt außergewöhnliche Exponate.   S. 94 **3**

Kloster Lamspringe Zum „Lamspringer September" reisen namhafte Künstler an.   S. 94 **4**

Bad Gandersheim Die jährlichen Domfestspiele sind legendär.   S. 100 **10**

siehe große Karte   S. 90/91

GASTRONOMIE

Lechstedter Obstweinschänke Lauschiger Biergarten und rund 15 verschiedene Obstweine. S. 111 **2**

Café im Glashaus Das Café ist in einem ehemaligen Gewächshaus untergebracht.   S. 117 **39**

ÜBERNACHTUNG

relexa Hotel 4-Sterne-Hotel in Bad Salzdetfurth mit besonders schöner Sicht ins Grüne.   S. 126 **24**

„Das Tor" am „Radweg zur Kunst"

SEHENSWERTES

1 Alfeld   S. 92
2 Fagus-Werk   S. 93
3 Schnarchmuseum   S. 94
4 Kloster Lamspringe   S. 94
5 Kurort Bad Salzdetfurth   S. 96
6 Schloss Derneburg   S. 97
7 Laves-Kulturpfad   S. 97
8 Familienpark Sottrum   S. 98
9 Radweg zur Kunst   S. 99
10 Bad Gandersheim   S. 100
11 Schloss Marienburg   S. 100
12 Hildesheimer Börde   S. 102
13 Rasti-Land   S. 103

GASTRONOMIE

2 Lechstedter
Obstweinschänke   S. 111
36 Annas alte Liebe   S. 116
37 Fagus-Gropius Café   S. 116
38 Steakhouse & Café Richter's
S. 116
39 Café im Glashaus   S. 116
40 Flexx   S. 117
41 Restaurant Schloss
Marienburg   S. 117

ÜBERNACHTUNG

22 Hotel Räuber
Lippoldskrug   S. 126
23 Hotel Gerichtsschänke   S. 126
24 relexa hotel   S. 126
25 Hotel Haase   S. 126
26 Hotel Weißes Ross   S. 127
27 Leinehotel   S. 127

1 ALFELD S. 90

Von Hildesheim nach Alfeld fährt man ungefähr 40 Minuten. Der Ausflug lohnt, das 23.000-Einwohner-Städtchen hat so manche Besonderheit zu bieten, darunter neuerdings auch einen Weltkulturerbe-Bau (siehe Fagus-Werk S. 93). Es gefallen Marktplatz und Fußgängerzone, durch die ein Teil der Warne fließt – der modern gestaltete Bachlauf begleitet die Marktstraße. In der Altstadt gibt es einige sehenswerte Fachwerkbauten, darunter die ehemalige Lateinschule (1610), in der sich heute das Stadtmuseum befindet. Der Renaissance-Bau ist mit zahlreichen Schnitztafeln geschmückt, aus deren Symbolik die Bildung im späten Humanismus spricht. Die Motive versinnbildlichen u. a. die sieben freien Künste (Grammatik, Dialektik, Rhetorik, Musik, Arithmetik, Geometrie und Astronomie). Im Nachbargebäude ist das Tiermuseum untergebracht, das Alfelds Bedeutung als Tierhandelszentrum im frühen 20. Jh. unterstreicht. Unbedingt einplanen sollte man das Schnarchmuseum (S. 94), bundesweit wohl eine der kuriosesten musealen Einrichtungen. Auch das „7 Berge Bad" überrascht durch Einfallsreichtum: Bei schönem Wetter wird das Dach des Erlebnisbereiches geöffnet, sodass sich das Schwimmbecken zwischendurch in ein Freibad verwandelt. Alfeld wurde 1214 erstmals urkundlich erwähnt. Eine Besiedelung bestand archäologischen Funden zufolge jedoch bereits rund 500 v. Chr.

Stadtmuseum • Am Kirchhof 4–5 • 31061 Alfeld (Leine) • Tel.: 05181

Ein Teil der Warne fließt durch die Marktstraße

UNESCO-Weltkulturerbe: der erste Industriebau der Moderne

829738 und 8070820 • Di.–Fr. 10–12/15–17 Uhr, Sa./So. 10–12 Uhr (Mai–Sept. auch 15–17 Uhr). Mo. und an Feiertagen geschlossen

2 FAGUS-WERK   S. 90

Seit 2011 kann sich die Region über eine dritte Ernennung zum Weltkulturerbe freuen. Während Dom und St. Michaelis in Hildesheim das Mittelalter repräsentieren, steht das Alfelder Fagus-Werk für technische Entwicklung: Die noch immer aktive Fabrik für Schuhleisten, Holzverarbeitung und Maschinenbau erhielt die UNESCO-Auszeichnung aufgrund ihrer wegweisenden Funktion als erster Industriebau der Moderne. Firmengründer Carl Benscheidt beauftragte im Jahr 1911 den Architekten Walter Gropius (1883–1969), das Fabrikgebäude zu gestalten. Dieser gab dem mittelständischen Betrieb ein Erscheinungsbild, das von jeglicher Tradition abwich und neue Maßstäbe setzte. Anstelle trister Industriekasernen wollte Gropius eine ansprechende Arbeitsumgebung schaffen. Das dreistöckige Hauptgebäude ist fast komplett verglast, im Innenbereich gibt es verstellbare Raumteiler statt dicker Wände. Bis hin zum Türgriff entsprachen alle Details der Ausstattung der neuen Linie. Der noch unbekannte Architekt machte sich damit einen Namen und ging später als Begründer der Bauhaus-Schule in die Geschichte ein. Das zur Expo 2000 restaurierte Fagus-Werk steht Besuchern offen. Ein beschilderter Rundweg führt über das Firmengelände. Im ehemaligen Holzlagerhaus ist eine Ausstellung zur Bau- und Firmengeschichte untergebracht, thematisiert werden dort 100 Jahre Schuhmode, die Menschen bei Fagus, der Lebensraum Wald und die Massivholzverarbeitung. Außerdem gibt es wechselnde Sonderausstellungen.

Hannoversche Straße 58 • 31061 Alfeld (Leine) • Tel.: 05181 790 • www.fagus-werk.com • Werk/Galerie: Mo.–So. 10–16 Uhr • Fagus-Gropius-Café: siehe S. 116

3 SCHNARCH-MUSEUM S. 90

ENTDECKER-TIPP

Es bereitet schlaflose Nächte, kann die Gesundheit beeinträchtigen, manch einer nimmt es auch mit Humor: Das Schnarchen beschäftigt die Menschen bereits seit der Antike. Es inspirierte den Dichter Wilhelm Busch und entwickelte sich im 20. Jh. zu einer Forschungsdisziplin. Josef A. Wirth, Somnologe (Schlafforscher) in der Alfelder Klinik, fand hier reichlich Stoff für ein Museum, das sich ausschließlich diesem Thema widmen sollte. In dem ehemaligen Ladenräumen lässt sich die Kulturgeschichte des Schnarchens nachvollziehen, mitsamt ihren Errungenschaften wie Nasenklammern, Schlafbrillen, Medikamenten, Spezialkissen und Geräten zur Behandlung der Schlafapnoe. Manche der Ausstellungsobjekte machen deutlich, wie verzweifelt man oft versuchte, „Lösungen" gegen das Schnarchen zu erfinden. Darunter ein sechsarmiges Metallinstrument, das die betroffene Person im Kreuz trug, was ein Umdrehen in die Rückenlage auf schmerzhafte Weise verhindern sollte. Von Hildesheim kommend, ist das Schnarchmuseum leicht zu finden: Es liegt direkt an der Zufahrtsstraße L 485 (Ortsteil Langenholzen).

Warnetalstraße 10 • 31061 Alfeld (Leine) • www.schnarchmuseum.de • Tel.: 05181 829187 • Mi./Sa./So. 15–18 Uhr

4 KLOSTER LAMSPRINGE S. 90

Idyllisch zwischen Weihern gelegen, lädt das Kloster Lamspringe zum Besuch ein. Hinter den schlichten Abteigebäuden mit ihren roten Ziegeldächern lugt die dreischiffige Klosterkirche (17. Jh.) hervor. Wer sie betritt, kann ein barockes Innenleben bewundern. Der Künstler Hieronymus Sies versah die Kreuzgratgewölbe mit reichen Blumenbildern. Herzstück ist

---

KULTUR IM KLOSTER

Das Klostergelände ist jährlich Schauplatz eines kulturellen Highlights: Zum „Lamspringer September" gibt es Musik, Theater, Bildende Kunst und Literatur von namhaften Künstlern. Räumlichkeiten wie der Alte Schafstall, der Alte Abtsaal, der Kreuzkeller und die Klosterkirche verwandeln sich dabei in ganz besondere Bühnen. www.lamspringer-september.de

Kunst im Klostergarten Lamspringe

der von J. M. Gröninger geschaffene Hochaltar mit Bildschnitzereien der Goslarer Familie Lessen, die auch Elemente des Chores, die Kanzel und das Taufbecken gestaltete. Sehenswert ist auch die Krypta mit Gewölbemalereien von Alfred Ehrhardt (frühes 20. Jh.). Für das 872 erstmals urkundlich erwähnte Kloster ist heute die Klosterkammer Hannover zuständig. Im ehemaligen Klostergarten, seit 1965 eine öffentliche Parkanlage, hat die Lammequelle eine schöne Legende hervorgebracht: Als einst eine große Trockenheit die Geistlichen quälte, scharrte ein von den Nonnen aufgezogenes Lamm im Boden. Daraufhin entsprang dort eine Quelle, die dem Wasserman-

Das Gradierwerk von Bad Salzdetfurth

gel für alle Zeiten eine Ende bereitete. Das Lamm im Relief der Quellgrotte (1727) steht für diese Überlieferung. Der Flussname indes soll sich von dem indogermanischen Wort „Lam" ableiten, das ein Sumpfgebiet beschreibt. Die Lamme, deren Quelle im Ortsnamen Lamspringe erkennbar ist, fließt u. a. durch die Stadt Bad Salzdetfurth und mündet nach 21 Kilometern in die Innerste.

5 KURORT
BAD SALZDETFURTH S. 90

Dank der regionalen Salzgewinnung verfügt der Landkreis Hildesheim auch über einen eigenen Kurort. Das staatlich anerkannte Moor- und Soleheilbad bettet sich in das Lamme-Tal des Harzvorlandes. Im Salzdetfurther Schacht wurden Kali-Magnesium-Salze gewonnen, noch bis zum Jahr 1992 prägte der Kalibergbau die Stadt. Auch die gesundheitsfördernden Eigenschaften des Salzwassers wurden früh erkannt. Ein erstes Badehaus errichtete man bereits im Jahr 1856. Heute besitzt Bad Salzdetfurth ein modernes Therapiezentrum, dessen Angebot von der Wellnessmassage bis zur Krankengymnastik reicht. Hinter der Sole-Therme lädt der Kurpark mit Rosarium, Blumenrabatten und Pavillons zum Durchatmen ein. Keinesfalls übersehen sollten Besucher das Gradierwerk (1749), da man solche Einrichtungen nur noch selten findet. In der ehemaligen Saline wurde das salzhaltige Wasser in Pfannen erhitzt, bis es verdunstete. Um Brennholz zu sparen, wurde zuvor der Salzgehalt durch eine andere Methode erhöht: Die zunächst neunprozentige Sole ließ man mehrfach über Reisigwände fließen, bis der Salzanteil etwa 30 Prozent betrug. Das Werk war bis 1848 in Betrieb und ist heute Teil des Solebades, wobei die Reisigwände wie seinerzeit zum Einsatz kommen. Im Salz- und Kali-Bergbaumuseum ließ sich einst die historische Entwicklung gut nachvollziehen, leider ist es jedoch auf unbestimmte Zeit geschlossen, was recht schade ist, denn die Ausstellung ist wohl einmalig. Interessant sind in Bad Salzdetfurth auch der ökologische Wasserlehrpfad und der „Bullenstall": In dem zum Schlosshof Bodenburg gehörenden Gebäude präsentiert der städtische Kunstverein Bad Salzdetfurth seine Ausstellungen.

Tourist-Information • Oberstraße 8 • 31162 Bad Salzdetfurth • Tel.: 05063 2717513 • www.bad-salzdetfurth.de • Mo.–Mi. 8–12 Uhr, Do. 8–18 Uhr, Fr. 8–13 Uhr, Sa. 8–12 Uhr

6 SCHLOSS DERNEBURG   S. 90

In der mit Burgen und Schlössern ohnehin reich bestückten Region hebt sich Derneburg durch eine architektonische Besonderheit hervor. Schon von Weitem ist das zeltförmige Pagodendach mit seinen vier Ecktürmchen erkennbar, eine Konstruktion, die an Tempel des fernen Ostens erinnert. Vom frühen 13. bis zu Beginn des 19. Jh.s diente Schloss Derneburg als Kloster, was sich auch am Kreuzgang und dem charakteristischen Mauerwerk zeigt. Im Jahr 1814 übernahm Graf Ernst zu Münster das Anwesen und ließ den Gar-

ten im englischen Stil gestalten, in dem der Architekt Georg-Friedrich Laves (1788–1864) einige kleinere Bauten gestaltete (siehe Laves-Kulturpfad unten).

Rund 30 Jahre lang diente das Schloss dem Künstler Georg Baselitz als Wohn- und Schaffensort. Seit 2006 zählt es zum Privateigentum des US-amerikanischen Kunstsammlers Andrew Hall. Das Gebäude kann daher nicht besichtigt werden. Öffentlich zugänglich ist aber der umgebende Landschaftspark mit dem ehemaligen Gewächshaus der Schlossgärtnerei: Das „Glashaus" ist das Kultur- und Veranstaltungszentrum der Gemeinde Holle. Auch ein Café ist in den lichtdurchfluteten Räumen untergebracht (S. 116). Laves hatte das Gewächshaus in einer damals innovativen Weise aus Glas und Gusseisen entworfen. Anlässlich seines 200. Geburtstages wurde das Glashaus im Jahr 1988 komplett restauriert – seither dient es als Stätte für Veranstaltungen der verschiedensten Art, u. a. Theateraufführungen.

Schlossstraße 17 • 31188 Holle/OT Derneburg • www.derneburg.de/schloss-derneburg

7 LAVES-KULTURPFAD   S. 90

Auch dieser schöne Rundwanderweg ehrt den Architekten, der das Antlitz Derneburgs prägte. Er führt um das Schloss und dabei entlang der Bauten, die Laves für den Garten konzipierte, u. a. ein dorischer

Zum Laves-Kulturpfad gehört auch ein Mausoleum

Tempel und ein pyramidenförmiges Mausoleum (Grabstätte der Familie des Grafen zu Münster) sowie die Lavesbrücke mit ihrer seinerzeit neuartigen Konstruktionsweise: Den „Lavesbalken" (auch: „Fischbauchträger"), der weit gespannte und zugleich zierliche Tragwerke ermöglichte, ließ sich der Erfinder patentieren. Zum Landschaftspark Schloss Derneburg gehören außerdem zahlreiche Fischteiche, deren Ufer vielen Brutvogelarten Schutz bieten. Ein Stück des Kulturpfades führt daran vorbei.

Führungen auf dem Laves-Kulturpfad: Gemeinde Holle • Martin Ganzkow, Tel.: 05062 908484 • ganzkow@holle.de

8 FAMILIENPARK SOTTRUM

S. 90

Spielspaß und Natur pur – dieser Freizeitpark verzichtet bewusst auf Achterbahn & Co. Abenteuerlich wird es trotzdem (oder gerade deswegen), etwa beim Goldwaschen, Edelsteinesuchen oder Tierspurenlesen im naturbelassenen Gelände. Zu den Attraktionen gehören u. a. ein Urzeitweg, ein Ufo-Landeplatz, ein Spiegelgarten, Schwanentretboote rund um die Pirateninsel, ein Streichelgehege, ein Kinderbauernhof, 30 Picknickgrills und vieles mehr. Das gute Gewissen gibt es gratis dazu: Nach Angaben der Betreiber erzeugt der Park mehr Energie, als er verbraucht. Junge wie ältere Gäste verlassen den

Familienpark gut erholt und um manches Wissen reicher.

Ziegeleistraße 28 • 31188 Holle • Tel.: 05062 8860 • www.familienpark-sottrum.de • Ende März–Anfang Nov. 10–18 Uhr

9 RADWEG ZUR KUNST
S. 90

Wer die Bewegung im Freien schätzt und zugleich kulturell interessiert ist, kommt bei dieser Tour besonders auf seine Kosten. Selbst wenn nur eines zutrifft, lohnt sich der „Radweg zur Kunst". Er führt durch das Harzvorland, quert die Stadt Hildesheim von Norden nach Süden und verbindet sie mit einigen Orten der Region. Sehenswerte Objekte liegen zu seinen Seiten: kunsthistorisch bedeutsame Stätten, sakrale Bauten, schmucke Fachwerkdörfer und eigens zu diesem Zweck geschaffene Skulpturen. Die gesamte Strecke beträgt 57,3 Kilometer und verläuft von Sarstedt bis Bad Gandersheim. Sie ist fast durchgehend asphaltiert (abgesehen von einigen Schotterwegen) und beinhaltet kaum Steigungen, sodass sie auch mit wenig Training gut zu bewältigen ist. Durchschnittliche Fahrtzeit bei moderatem Tempo: sechs Stunden. Die Route lässt sich aber auch sehr gut in Teilstrecken befahren, da sie sich in vier Themenabschnitte gliedert. So heißt die Strecke Sarstedt–Giesen „Wasser-Kunst-Weg", durch Hildesheimer führt der „Romanik-Weg", es folgt bis Bad Salzdetfurth der „Kontakt-Kunst-Weg" und bis Lamspringe führt die Strecke „Kunst-beWEGt", die sich ab dort wiederum als „Skulpturenweg" fortsetzt. Letzterer beginnt beim alten Bahnhof

Natur und Kultur vereinen sich am „Radweg zur Kunst"

von Lamspringe und führt auf der Trasse der ehemaligen Bahnlinie bis nach Bad Gandersheim. Für Freunde der freien Kunst ist diese Teilstrecke besonders interessant. Den Weg säumen Objekte, die kreative Menschen verschiedener Nationen geschaffen haben. Viele stehen in unmittelbarem Bezug zum Thema des Weges, etwa „Das Tor" von Wolf Bröll (2000), das der Radler selbst passiert, das Arrangement „Wartende" von Bernd Löning (2002) oder die Skulptur „Welcome" von Nabil Basbous (1998).

www.radweg-zur-kunst.de

🔟 BAD GANDERSHEIM S. 90

Das 10.000-Einwohner-Städtchen gehört bereits zum benachbarten Landkreis Northeim. Von Hildesheim aus beträgt die Fahrtzeit über die A7 (Ausfahrt Seesen) ca. 40 Minuten. Wegen der „Gandersheimer Domfestspiele" ist der Ort überregional bekannt. Vor der Kulisse der Stiftskirche, oft auch als „Dom" bezeichnet, findet jedes Jahr im Sommer Niedersachsens größtes Freilichttheater statt. Sehenswert ist auch die frühromanische (ab 856) Stiftskirche selbst mit ihrem doppeltürmigen Westwerk und barockem Innenleben. Vor der Abtei weist der „Roswithabrunnen" (1978) eine berühmte Bürgerin aus: Die Kanonisse Roswitha von Gandersheim (10. Jh.) gilt als erste deutsche Dichterin, die namentlich erwähnt wurde.

Ihr zu Ehren hat die Stadt nicht nur mehrere Objekte benannt, sondern auch einen eigenen Literaturpreis ausgelobt. Den Zusatz „Bad" verdankt der Kurort seinen Solequellen, in deren Genuss die Gäste sogar in einem Sole-Waldschwimmbad kommen. Erholung bietet auch der Kurpark rund um den Osterbergsee, für Freunde der Höhenluft gibt es einen Segelflugplatz. Gemischte Gefühle ruft indes das ehemalige Benediktinerinnenkloster Brunshausen hervor, das zeitweise als Außenlager des Konzentrationslagers Buchenwald (1944/1945) dienen musste. In der Klosterkirche und Teilen der Klostergebäudes befindet sich ein Museum, das über die Geschichte Brunshausens und des Stiftes Gandersheim informiert.

Tourist-Information • Stiftsfreiheit 12 • 37581 Bad Gandersheim • Tel.: 05382 73700 • www.bad-gandersheim-online.de • Mo.–Fr. 10–13/15–17 Uhr, Sa. 10–12 Uhr

⓫ SCHLOSS MARIENBURG S. 90

TOP-TIPP

Eines der touristischen Highlights Niedersachsens steht bei Nordstemmen, 15 Kilometer nordwestlich von Hildesheim. Wie aus dem Märchenbuch entnommen, präsentiert sich die Silhouette von Schloss Marienburg mit ihren vielgestaltigen Türmen, Erkern und

▶ Das Schloss Marienburg mutet von Weitem wie im Märchen an

Zinnen. Romantisch ist auch die Geschichte, die zur Entstehung und Namensgebung der Residenz überliefert wurde: König Georg V. (1819–1878) schenkte das Schloss seiner Gemahlin, Königin Marie (1818–1907), zum Geburtstag. Beauftragt wurden dafür zwei Architekten der Hannoverschen Schule, Conrad Wilhelm Hase und Edwin Oppler. Der Bau erfolgte von 1858 bis 1867 im neugotischen Stil, allerdings konnte man das Vorhaben nicht vollenden: Im Jahr 1866 musste sich das Königreich Hannover der Besatzungsmacht Preußen beugen. Das Königspaar ging ins österreichische Exil und ließ das Schloss unbewohnt zurück. Die vierflügelige Anlage befindet sich noch weitgehend im ursprünglichen Zustand, sodass die ca. einstündige Besichtigung einer kleinen Zeitreise gleichkommt. Beim Rundgang entfaltet sich das private Leben der royalen Familie; zu sehen sind das Mobiliar, kostbare Holzvertäfelungen und Gemälde sowie viele persönliche Gegenstände seiner einstigen Bewohner. Auch der alles überragende Hauptturm des Schlosses kann während der Saison besichtigt werden: 160 Stufen führen zur Aussichtsplattform (ca. 44 m). Der Blick geht weit über das Leinetal und das Calenberger Land, von den Sieben Bergen über Hildesheim bis nach Hannover. Besonders prachtvoll erstrahlt Schloss Marienburg zu den verschiedenen Festlichkeiten und Veranstaltungen, darunter Klassik-, Jazz- und Themenkonzerte sowie Veranstaltungen für Kinder. Das aktuelle Programm ist im Schloss-Shop sowie der schlosseigenen Internetseite ersichtlich. Die romantische Tradition wurde übrigens beibehalten: Auch Hochzeiten können auf Schloss Marienburg gefeiert werden.

Marienberg 1 • 30982 Pattensen • Tel.: 05069 348000 • www.schloss-marienburg.com • Jun.–Aug. tägl. 10–18 Uhr, Sept./Okt. Di.–So. 10–18 Uhr, Nov./Dez. Mi.–So. 11–16 Uhr, abweichende Öffnungszeiten siehe Homepage • Führungen (Anmeldung empfohlen) und Eintrittskarten unter Tel.: 05069 348000 • Gruppenführungen ab 20 Personen zu individuellen Uhrzeiten auch außerhalb der regulären Öffnungszeiten möglich • Schlossrestaurant: siehe S. 117

12 HILDESHEIMER BÖRDE
S. 90

Zwischen Hannover und Hildesheim liegt dieser Landstrich. Der Name ist vielen Durchreisenden sicher ein Begriff, zumal eine Autobahnraststätte an der A 7 danach benannt ist. Wer dort eine Pause einlegt, kann sich schon einmal einen kleinen Eindruck von der Hildesheimer Börde verschaffen, da der Rastplatz etwas erhöht liegt. Auf den ersten Blick mag die flache, weitläufige Gegend etwas eintönig erscheinen, für den Ackerbau indes ist sie von großer Bedeutung: „Börden" zeichnen sich durch fruchtbare Böden aus, wohl auch aus diesem Grund zählen sie zu den ältesten Siedlungs-

Entspannt spazieren in der Hildesheimer Börde

räumen Deutschlands. Die Hildesheimer Börde, die insgesamt eine Fläche von rund 270 Quadratkilometern einnimmt, ist für ihren Schwarzerde-Lössböden bekannt. Besucher der Region sollten auf die Wind- und Wassermühlen achten, die hier in großer Zahl und verschiedenster Gestalt zu finden sind – etwa die Holländerwindmühle in Söhlde (1810), die Bockwindmühle in Machtsum (17. Jh.), die Paltrock-Mühle in Asel (19. Jh.) oder die denkmalgeschützte Wassermühle Malzfeldt (mind. 14. Jh.) in Sarstedt.

🔢 RASTI-LAND   S. 90

Der Nachwuchs lässt sich oft nur bedingt für ausgiebige Wander- oder Radtouren begeistern. Auch im Hildesheimer Land gibt es je-

doch mehrere Möglichkeiten für etwas Action, Spaß und Spiel im Urlaub. Zwischen Hildesheim und Hameln (an der B 1) lockt das Rasti-Land mit Abenteuerwelten. Es geht z. B. in das Reich der Dinosaurier, Raubritter oder Piraten, auf den historischen Jahrmarkt, Robinsons Insel oder in den Western-Saloon. Für Adrenalinschübe sorgen Rafting, freier Fall, Gokarts, Reifenrodeln sowie weitere Fahrgeschäfte. Mehrfach im Jahr stehen Specials wie eine Halloween-Woche oder der Weihnachtsmarkt auf dem Programm.

Rasti-Land • Quanthofer Straße 9 • 31020 Salzhemmendorf • Tel.: 05153 94070 • www.rasti-land.de • Apr.–Okt., Winter geschlossen, Öffnungszeiten variieren je nach Jahreszeit, siehe Homepage

KLEINE STADTGESCHICHTE

815

Die Geburt Hildesheims wird häufig mit dieser Jahreszahl in Verbindung gebracht. Es ist das Jahr, in dem Kaiser Ludwig der Fromme das Bistum gründet – der Legende nach durch den Bau eine Marienkapelle, weil sein Reliquiar mit einem Strauch verwachsen ist. Archäologische Funde deuten jedoch auf eine weitaus frühere Besiedlung hin, die sich bis in die Steinzeit zurückverfolgen lässt.

Zum Namen der Stadt kursieren verschiedene Deutungen. Historiker führten ihn auf den Erzkanzler Abt Hilduin zurück, der zum Hof Ludwigs des Frommen gehörte. Neueren Erkenntnissen zufolge ist jedoch davon auszugehen, dass der Ortsname schon vor der Bistumsgründung bestand.

ab 872

Bischof Altfried lässt den Ursprungsbau des Hildesheimer Doms errichten. Die verkehrsgünstige Lage an der West-Ost-Achse wird als entscheidendes Kriterium für die Entwicklung Hildesheims gewertet: Im späten 8 Jh. erobert Karl der Große das noch zu Sachsen gehörende Gebiet und etabliert Bischofssitze an strategisch bedeutenden Orten.

ab **1010**	Bau des Michaelisklosters durch Bischof Bernward. Zwischen dem neuen sakralen Bauwerk und der nahe gelegenen Domburg entsteht rund um die Straße „Alter Markt" ein Siedlungsgebiet, aus dem schließlich die Stadt erwächst. Unter Bischof Bernward entwickelt sich Hildesheims bedeutende Stellung im politischen und kulturellen Gefüge des Landes.
1022	Nach dem Tod Bernwards wird Bischof Godehard durch Kaiser Heinrich II. zum Bischof von Hildesheim berufen. Der Einfluss der beiden Geistlichen prägt Hildesheim maßgeblich, wobei Godehard im Mittelalter als Stadtpatron eine besondere Stellung einnimmt.
1131	Bischof Godehard wird heiliggesprochen – rund 60 Jahre vor Bernward.
ca. **1140**	Gründung der eigenständigen Pfarrkirche St. Andreas. Damit verlagert sich auch das wirtschaftliche Leben zunehmend in Richtung Nordosten und begünstigt die weitere Stadtentwicklung. Am Kirchplatz von St. Andreas entsteht vermutlich bereits im späten 12. Jh. ein Rathaus.
ca. **1167**	Die Altstadt ist nahezu vollständig von einer Festungsmauer umgeben.
ab **1196**	Vor den Toren der Altstadt bilden sich konkurrierende Siedlungen mit eigenen Festungsanlagen: Im Südwesten gründet der Probst des Moritzstifts die Dammstadt.
ca. **1215**	Im Südosten ruft der Domprobst Ludolf v. Wohldenberg die Neustadt ins Leben, der rund zehn Jahre darauf das Marktrecht verliehen wird.

1217 Hildesheim erhält ein erstes nachgewiesenes „Stadtsiegel". Es zeigt allerdings ausschließlich das Bildnis Bischof Godehards und stellt noch keinen Bezug zum Bürgertum her.

1236 Die ersten Hildesheimer Ratsherren werden urkundlich erwähnt.

ca. 1249 Bischof Heinrich I. erteilt das Stadtrechtsprivileg in lateinischer Sprache. Dennoch werden die Autonomiebestrebungen des durch den Rat regierten Bürgertums gegenüber dem bischöflichen Landesherrn noch zu manchen Konflikten führen, die sich bis in das 14. und 15. Jh. fortsetzen.

ca. 1268 Erstbau des heutigen Rathauses am noch weiter nordöstlich gelegenen neuen Marktplatz.

um 1300 Der Hildesheimer Rat formuliert das Stadtrecht in niederdeutscher Sprache. Im neuen Siegel erscheinen erstmals die Worte „Sigillum burgensium de Hildensem" – Siegel der Bürger Hildesheims. In den folgenden Jahrzehnten zeigen sich Ansätze der ersten städtischen Verfassung. In der wachsenden Stadt setzt sich das Bürgertum zunehmend durch, Handel und Handwerk prosperieren, Bündnisse mit benachbarten Territorien stärken den eigenen Status.

1310 Bischof Heinrich II. lässt Burg Steuerwald (1310) im Norden der Stadt errichten. Damit versucht der Klerus, dem aufstrebenden Hildesheim von außen entgegenzuwirken. Sein Nachfolger Heinrich III. setzte das Vorhaben mit dem Bau der Marienburg (ab 1346) im Süden fort.

1332 Zerstörung der Dammstadt bei einem blutigen Überfall. Der amtierende Bischof Erich von Holstein-Schauenburg soll die Hildesheimer Bürger dazu aufgerufen haben.

1519 bis 1523 Die Auseinandersetzungen zwischen dem Hildesheimer Hochstift und dem in der Region dominierenden Adelsgeschlecht der Welfen spitzen sich zu. Sie gehen als „Hildesheimer Stiftsfehde" in die Geschichte ein.

1528 Die Stadt Hildesheim erhält ihr heutiges Wappen durch Kaiser Karl V. – ein weiteres Zeichen weitgehender Unabhängigkeit.

ab 1542 Im Zuge der Reformation schließen sich Alt- und Neustadt fast vollständig den Protestanten an. Ausschlaggebend ist der Tod des kaisertreuen Bürgermeisters Hans Wildefuer (ca. 1480–1541), der sich gegen die neue Lehre Martin Luthers gestellt hatte. Das Singen protestantischer Lieder war strikt verboten. Bürger, die dagegen aufbegehrten, wurden der Stadt verwiesen. Daher setzte diese Bewegung in Hildesheim zeitverzögert ein – rund zehn Jahre nach den Städten Braunschweig, Goslar, Göttingen und Hannover.

1553 Der „Hildesheimer Religionsfriede" wird besiegelt. Dennoch kommt es in den Folgejahren wiederholt zu Konflikten zwischen den Konfessionen.

1566 Die Pest fordert in Hildesheim erstmals Tausende von Todesopfern.

1583 Nach Jahrhunderte währenden Fehden einigen sich Alt- und Neustadt auf eine gemeinsame Verwaltung, wobei die Dominanz der Altstadt unverkennbar bestehen bleibt. Die trennende Befestigungsanlage wird aufgehoben, sodass beide Stadtteile zusammenwachsen.

um 1600 Im Zuge der Gegenreformation wendet sich ein großer Teil der Bevölkerung wieder dem Katholizismus zu.

um 1609 Die Pest treibt erneut einen Keil in die erblühende Stadt.

1608 bis 1648 Der nahtlos anknüpfende Dreißigjährige Krieg zieht einen wirtschaftlichen Einbruch nach sich, von dessen Folgen sich Hildesheim erst rund 150 Jahre später erholen wird.

ab ca. 1650 Hildesheim verzeichnet neues wirtschaftliches Wachstum. Die Zünfte nehmen zu, das Stadtbild profitiert vom aufstrebenden Handwerk. Die Renaissance hinterlässt ihre Handschrift auf Anbauten und den Fassaden neuer Häuser, Mitglieder der wohlhabenden Patrizierfamilien sind nun im Rat vertreten. Doch Konflikte mit dem Bischof, der seine Rekatholisierungspolitik weiter vorantreibt, sowie innerstädtische Querelen um die Verfassung schwächen die Stadt.

1802   Hildesheim fällt an Preußen und verliert damit seine Autonomie.

1806   Preußen muss sich den französischen Truppen unter Napoleon beugen. Stadt und Region Hildesheim gehören fortan zum Königreich Westfalen.

1813   Nach Napoleons Niederlage gehen Hildesheim samt Umland an das Königreich Hannover unter Georg V. Im Zuge des Wiener Kongresses (1815) werden die Grenzen der europäischen Länder neu definiert.

1866   Mit der Annexion durch die feindliche Besatzungsmacht wird Hildesheim erneut Teil des preußischen Königreichs.

19. Jh.   Bedingt durch die Industrialisierung erlebt die Stadt eine neue Phase des Wachstums. Moderne Bauten und Fabriken verändern das Stadtbild, der Bau der ersten Eisenbahnlinie und die spätere Einführung der Straßenbahn schaffen optimale Verkehrsanbindungen. Die neuen Gas- und Elektrizitätswerke liefern Energie, das Städtische Krankenhaus sichert die medizinische Versorgung. Einrichtungen wie das Roemer-Museum (1859), das 1911 durch das Pelizaeus-Museum ergänzt wird, bereichern das kulturelle Leben.

ab 1914   Der Erste Weltkrieg setzt der Stadtentwicklung ein Ende. Während der daran anknüpfenden Phase der Weimarer Republik gehen Inflation und hohe Arbeitslosigkeit auch an Hildesheim nicht vorbei.

1945   Im Zweiten Weltkrieg wird Hildesheim erst spät, aber mit besonderer Wucht vom wieder einkehrenden Schrecken heimgesucht. Nach einem ersten Luftangriff im Februar 1945 folgt am 22. desselben Jahres ein Feuersturm, der nahezu die gesamte Innenstatt in Schutt und Asche legt.

ab 1950	Die zerstörte Innenstadt wird Stück für Stück wiederaufgebaut. Dabei verdrängt der Glaube an die Moderne zunächst den Wert historischer Bauten: Erst in den 1980er-Jahren können Bauten wie das Knochenhaueramtshaus wieder zum Leben erweckt werden.
1974	Hildesheim erreicht die 100.000-Einwohner-Grenze und wird damit zur Großstadt.
ab 1985	Der wiedererrichtete Hildesheimer Dom und die Michaeliskirche halten Einzug in die Liste des UNESCO-Weltkulturerbes. Die Stiftung Universität Hildesheim sowie die Hochschule für angewandte Wissenschaft und Kunst bereichern die Bildungslandschaft.
heute	Hildesheim gilt als eines der attraktivsten touristischen Ziele in Niedersachsen.

Auch die Stinekenpforte ist ein echtes Stück Hildesheimer Stadtgeschichte

GASTRONOMIE

Ob nach der Sightseeingtour oder einer Wanderung, als Ausflugsziel oder kleine Pause: In Hildesheim findet sich für jeden Geschmack und jeden Geldbeutel das passende Lokal. Viele Restaurants, Gaststätten, Cafés und Bars befinden sich in historischen Gebäuden, Kultur- oder Freizeiteinrichtungen. Da wird auch der Lokalbesuch zum Erlebnis.

REGIONALE KÜCHE/ AUSFLUGSLOKALE

1 Hildesheimer Aussichtsturm Beliebtes Tagesziel im Hildesheimer Wald (auf dem Sonnenberg bei Diekholzen). Gaststätte mit großem Kinderspielplatz, Außenplätze, auch Tischreservierung hoch oben im Turm möglich. Wild vorwiegend aus dem heimischen Forst, Spezialitäten wie Wanderbrot, Ochsenfilet, Sauerfleisch, hausgemachter Kuchen und Riesen-Windbeutel. Turmweg 1 • Tel.: 05121 6970692 • Di.–So. 12–22 Uhr

2 Lechstedter Obstweinschänke Vom Galgenberg aus führt ein Wanderweg zu diesem beliebten Ausflugsziel, das zu Bad Salzdetfurth gehört. Lauschiger Biergarten. Grillgerichte, Wild, Chateaubriand, Fisch u. v. m. Die Getränkekarte umfasst erlesene Rebsorten und saisonale Spezialitäten, rund 15 verschiede-

◀ Wunderbar sitzt man auf dem Marktplatz z. B. im Restaurant „Gildehaus"

ne Obstweine. Raucherbereich und WLAN-Hot-Spot. Wer über Nacht bleiben möchte, bucht ein Zimmer im dazu gehörigen 3-Sterne-Landhotel. Ringstraße 7 • 31162 Bad Salzdetfurth • Tel.: 05064 7159 • www.obstweinschaenke.de • Küche: Di.–So. von 11.30–21.30 Uhr

3 LewensLust Neu eröffnet im historischen und 2014 komplett sanierten Forsthaus. Steaks vom US-Beef und laut Betreiber mit bester Fleischqualität aus Argentinien sowie „dry aged" aus Irland. Galgenberg 2 • www.lewenslust-hildesheim.de • tägl. ab 18 Uhr

INTERNATIONAL

4 Alte Münze Italienische Spezialitäten direkt am Vorplatz der St.-Andreas-Kirche. Sommerterrasse mit Blick auf den „Umgestülpten Zuckerhut". Hier steht der Chef selbst am Herd und verwöhnt seine Gäste mit frischen Fisch- und Fleischgerichten sowie hausgemachten Nudeln. Andreasplatz 16 • Tel.: 05121 132901 •

www.alte-muenze-hildesheim.de •
Küche: 12–15/18–22 Uhr

5 Dynastie Das chinesisch-mongolisches Restaurant hat 2016 neu eröffnet. Frühstücks-, Mittags- und Abendbüfett, Mongolische Grillspeisen à la carte. Cheruskerring 26 • Tel. 05121 2808609 • www.dynastie-chinarestaurant.de • Mo.–So. 11.30–23 Uhr

6 El Dorado Steak House In der Fußgängerzone gelegen, das Ziel für den großen Hunger nach Shopping oder Sightseeing. Steaks vom argentinischen Rind, frisches Salatbuffet. Almsstraße 5 • Tel.: 05121 9898048 • www.dorado-steak-house.de • Mo.–Sa. 11.30–15/17.30–22.30 Uhr

7 Nil im Museum Das Restaurant im Roemer- und Pelizaeus-Museum. Internationale Küche, regionale Spezialitäten und kleine Snacks, umfangreiche Weinkarte mit edlen Tropfen aus eigenem Vertrieb. Montags Jazz und Blues mit nationalen und internationalen Künstlern („Blue Monday"). Am Steine 1 • Tel.: 05121 408595 • www.nil-museum.de • Mo. 12–18 Uhr, Di.–So. 10–18 Uhr

8 Restaurant Café Noah Restaurant mit Blick auf den Hohnsensee, stilvolles Ambiente und Sommerterrasse, französische Küche und Mediterranes, nachmittags Kuchenbuffet. Abwechslungsreiches Abendprogramm. Hohnsen 28 • Tel.: 05121 691530 • www.noah-cafe.de • Apr.–Sept. Mo.–Sa. ab 9 Uhr, So. ab 10 Uhr, Okt.–März. Mo.–Fr. ab 9.30 Uhr, Sa. ab 9 Uhr, So. ab 10 Uhr

9 Restaurant Gildehaus Das zum Van der Valk Hotel gehörende Restaurant steht auch Tagesgästen offen. Vielseitige À-la-carte-Küche, Gerichte für den kleinen Hunger, Themenbuffets und kulinarische Aktionen, Kaffee und Kuchen, Außenplätze auf dem historischen Marktplatz, Raucherbereich. Markt 4 • Tel.: 05121 300620 • www.hildesheim.vandervalk.de/kulinarisch • tägl. 6.30–23 Uhr (warme Küche: 12–23 Uhr)

10 Restaurant Palmeras Schlemmen und anderen beim Planschen zusehen: Das Restaurant mit Panoramablick ins Wasserparadies ist über den Haupteingang zugänglich und kann unabhängig vom Bad-Eintritt besucht werden. Gehobene deutsche Küche mit mediterranen Akzenten. Bischof-Janssen-Straße 30 • Tel.: 05121 150724 • www.wasserparadies-hildesheim.de • Mo.–Fr. 12–21 Uhr, Sa./So. 11–21 Uhr

DAS BESONDERE

11 OS – Das Marktrestaurant im Knochenhaueramtshaus Rustikal speisen in historischem Ambiente: Das Restaurant im „schönsten Fachwerkhaus der Welt" hat unter anderem Steaks vom Dry Aged Beef und „niedersächsische Tapas" auf der Karte. Gekocht wird mit Produkten aus der Region zwischen Harz und Heide. Markt 7 • Tel.: 05121 1029117 • www.knochenhaueramtshaus.com • tägl. ab 11 Uhr

12 Meyer's Treppchen Traditionslokal in Moritzberg an der Treppe der ehemaligen Mauritiusbrauerei. Fritz und Beate Meyer übernahmen die Brauereigaststätte im Jahr 2001 und führen sie seitdem als Restaurant mit deutscher Küche und süddeutschen Spezialitäten wie „Gesottene Ochsenbrucht in Stangenkrensößle" – der Inhaber ist gebürtiger Franke. Brauhausstraße

40 • Tel.: 05121 888000 • www.meyers-treppchen.de • Mo./Di./Do.–Sa. ab 17 Uhr, So. auch 11–14/ab 17 Uhr

13 Mobbi Dick Das Fischrestaurant in der Innenstadt hat deutsche und mediterrane Spezialitäten auf der Karte und „Specials on board" z.B. Matjestag, Fischfondue, Kochfisch-tag. Samstags Seemannsfrühstück mit Livemusik. Wenige, aber liebevoll gestaltete Außenplätze, gemütlicher Gewölbekeller. Kurzer Hagen 4 • Tel.: 05121 6984224 • www.mobbidick.de • Di.–Sa. 11–14.30/17–21 Uhr

GUT UND GÜNSTIG

14 Café Restaurant Am Campus Die Gaststätte im Uni-Viertel ist nicht nur bei Studenten und Dozenten beliebt. Leckere Gerichte für den kleinen Geld-beutel (ca. 3–10 Euro), wechselnde Ta-geskarte, Eiskarte, Außenplätze. Ma-rienburger Platz 22 • Tel.: 05121 2979 99 • www.am-campus-hi.de • Mo.–Do. 9–20.30 Uhr (Küche bis 21.30 Uhr), Fr. 9–17.30 Uhr, während der Semester-ferien werden die Zeiten reduziert

15 Pfannkuchenhaus-Antik-Café Pfannkuchen aller Art, süß und herz-haft. Dazu ein Ambiente wie in Omas guter Stube, man sitzt auf Sofas und kann sich nicht sattsehen an zahlrei-chen Gemälden und liebevoll arran-giertem Klimbim. Außenplätze im Hof. Jakobikirchgasse 2 • Tel.: 05121 32414 • www.antik-cafe.info • Di.–Sa. 10–18.30 Uhr, So. 12–18 Uhr

CAFÉ UND BISTRO

16 Amadeus Uriges Café-Restaurant in unmittelbarer Nähe des Rathau-ses. Internationale Küche, Sommer-terrasse. Marktstraße 17 • Tel.: 051 21 6988313 • www.amadeus-hi.de • Mo.–So. 11–1 Uhr

17 Café Del Sol Von außen vermutet man es kaum, da am Autobahnzu-bringer nahe einer Tankstelle gelegen: Südländisches Flair und Urlaubsatmo-sphäre am Rande der Großstadt. Café, Bistro, Kneipe und Bar mit viel Platz und reichlich Parkmöglichkeiten, gro-ße Terrasse. Die erste von mittlerwei-le bundesweit 25 „Café-Del-Sol"-Nie-derlassungen eröffnete im Jahr 2001. Frankenstraße 43 A (Berliner Kreisel) • Tel.: 05121 280935 • www.cafedelsol. de • So.–Do. 9–24 Uhr, Fr./Sa. 9–1 Uhr, Frühstücksbuffet: Sa. 9–13 Uhr, Rie-sen-Brunchbuffet: So. 9–14 Uhr

18 Chocolat – Bistro Café am Dom Spezialitäten: Trinkschokolade in al-len Varianten, Crêpes. Verschiedene Veranstaltungen. Weitere Niederlas-sung im Stadtteil Himmelsthür (An der Pauluskirche 8). Schuhstraße 2 • Tel.: 05121 9186760 • www.chocolat-hildesheim.de • Mo.–Fr. 8.30–18 Uhr, Sa. 8.30–12 Uhr

19 das kleine röstwerk Unterge-bracht im winzigen Erdgeschoss des Umgestülpten Zuckerhuts. Hier wird von Hand bei niedriger Temperatur Kaffee aus den besten Anbaugebieten der Welt geröstet. Gleich nebenan be-findet sich die zugehörige Kaffeebar. Andreasplatz 20 • Tel.: 05121 9891041 • www.daskleineroestwerk.de • Di.–Fr. 11–18 Uhr, Sa. 10–16 Uhr

20 Coffee and Beans Die Anlaufstelle bei Kaffeedurst in der City: Espresso- und Kaffee-Spezialitäten, Tee, Bagels, Donuts, Muffins u. v. m. – auch „to go". Saisonale Specials. Scheelenstraße 14

Urlaubsflair direkt hinter dem Rathaus: der Citybeach

• Tel.: 05121 9990510 • www.coffeeand beans.de • Mo.–Fr. 5.30–18.30 Uhr, Sa. 8–18 Uhr, So. 13–18 Uhr • Filiale am Bahnhofsplatz 6 • Tel.: 05121 2813527 • Mo.–Fr. 6–18 Uhr, Sa. 8–16 Uhr

21 Deseo Tapas und andere spanische Spezialitäten in der Innenstadt. Auch Pizza und Pasta stehen auf der Karte des Café-Bistros. Edles Ambiente mit Naturholz und Ledersesseln. Im Sommer Barbecue und andere kulinarische Aktionen. Mediterranes Frühstücksbuffet, an Werktagen Mittags-Express-Bufett, Sonntags Brunch. Große Terrasse. Hindenburgplatz 3 • Tel.: 05121 39927 • www.cafedeseo.de • Mo.–Sa. ab 8 Uhr, So. ab 9 Uhr

22 Die Insel Das Restaurant auf der Insel an der Bischofsmühle liegt direkt an der Hildesheimer Rosenroute. Dom, St. Michaelis sowie das Roemer- und Pelizaeus-Museum sind zu Fuß schnell erreicht. Terrasse mit Blick auf die Kanustrecke. Gehobene lan-destypische Küche, vorwiegend mit regionalen Produkten. Dammstraße 30 • Tel.: 05121 14535 • www.die-in sel-hildesheim.de • Di.–Sa. 11–24 Uhr (Küche 11–14/18–22 Uhr), So. 11–18 (Küche bis 14 Uhr)

23 Eis-Venezia am Markt Das Vorzeige-Eis-Café Hildesheims befindet sich direkt am historischen Marktplatz (vor dem Bäckeramtshaus). Auch Frühstück, Mittagstisch, Kaffee und Kuchen in vielen Variationen. Raucherbereich, italienisches Ambiente. Weitere Niederlassungen in der Bernwardstraße 1 sowie in der Schuhstraße 35. Am historischen Markt • Tel.: 05121 134430 • www.eis-venezia.com • Mo.–So. ab 9 Uhr

24 Hofcafé Domäne Marienburg Sich auf dem Gelände der Stiftung Universität Hildesheim befindend, zählt das Café vorrangig Studierende zu seinen Gästen. Längst aber hat es sich herumgesprochen, dass sich der

Besuch lohnt. Konditor Helge Peinzger erfüllte sich seinen Traum, selbst gebackenen Kuchen im eigenen Café zu verkaufen – das Resultat sind zahlreiche Ausflugsgäste. Domänenhof 3 • Tel.: 05121 261601 • Mai–Okt. Di.–So. 12–20 Uhr, Nov.–Apr. Di.–So. 12–18 Uhr

25 **Internet-Café Il Giornale** Eis essen und E-Mails sichten: Inhaber Domenico Millitello hat es möglich gemacht. Italienisches Internet-Café in der Innenstadt. Neben PCs mit Internetzugang und WLAN-Hot-Spot gibt es Eis-Spezialitäten, Pizza, Salat, Tiramisu & Co. Frühstückskarte, Außenbereich mit 40 Sitzplätzen. Judenstraße 3–4 • Tel.: 05121 312330 • www.internet-cafe-hildesheim.de • Mo.–So. 8–20 Uhr

26 **Kafenion** Seit Jahren im Fachwerkviertel und längst kein Geheimtipp mehr: Hausgemachte Schokolade, Kaffee und Kuchen in kuscheligem Ambiente. Kleiner, grüner Innenhof mit einigen Sitzplätzen. Wollenweberstraße 37 (Ecke Kehrwiedergasse) • Tel.: 05121 37781 • Di.–So. 15–19 Uhr

27 **La Tapa** Tapas und Tortilla, Fisch und Meeresfrüchte sowie Serrano-Schinken aus der Keule gehören zu den Spezialitäten dieses spanischen Lokals. Dazu gibt es verschiedene Weine, spanisches Bier und Kaffee, ab 21 Uhr auch Cocktails. Friesenstraße 15 a • Tel.: 05121 2816143 • www.latapabar.de • tägl. ab 17 Uhr

28 **LECKER & PUR** Hildesheims erstes veganes Café lädt seit 2016 ein, Tagessuppe und Smoothies, hausgemachte Kuchen, Salate und Leckereien im Weckglas oder knusprige „Wickel" (Wraps) zu genießen – auch zum

Mitnehmen. „Gesundes für zwischendurch" lautet das Konzept von Betreiberin Irina Pudenz. Osterstraße 6/Ecke Jakobistraße • Tel. 05121 1768532 • www.leckerundpur.de • Di.–Sa. 11–18 Uhr

29 **Stadtcafé Beste** Der Familienbetrieb in der Fußgängerzone feierte bereits seinen 175. Geburtstag – August Beste gründete ihn anno 1839. Hildesheimer Pumpernickel und Baumkuchenspezialitäten • Almstraße 40 • Tel.: 05121 35473 • Mo.–Fr. 8–19 Uhr, Sa. 8–18 Uhr

KNEIPEN

30 **Thav** Die „Kneipe ohne Fenster" im Hinterhof ist längst eine Hildesheimer Institution. Szene-Gänger und alternatives Publikum, Drinks und Snacks, Montags Live-Sessions, regelmäßig Open Stage und Themenpartys. Güntherstraße 21 • Tel.: 05121 132829 • www.kneipe-ohne-fenster.de • tägl. ab 20 Uhr (So. nur im Winter)

31 **The Wild Geese** Irische Kultur und Gastlichkeit mitten in Hildesheim. Hier werden die beliebten Drinks der grünen Insel serviert (Guinness, Kilkenny, Whiskeys & Co.), sowie andere Drinks und Spezialitäten. Regelmäßig Livemusik und andere Events wie z. B. Quiz-Abende. Gemütliches Ambiente. Osterstraße 16 • Tel.: 05121 9358571 • www.thewildgeese.de • tägl. 17–1 Uhr

BARS FÜR DEN ABEND UND DIE NACHT

32 **Hemingway** Eine Hommage an den Schriftsteller und Abenteurer Ernest Hemingway. Raucherlokal, rund

100 verschiedene Whiskeysorten, Kölsch, Guinness und weitere Biersorten vom Fass. An den Wochenenden legen DJs auf, gelegentlich Livemusik, 25 Außenplätze. Friesenstraße 6 • Tel.: 05121 1021700 • www.hemingway-hildesheim.de • Mo.–Do. 12–2 Uhr, Fr./Sa. 12–6 Uhr, So. 15–4 Uhr

33 Outback Inn Sportbar mit Café und laut Betreiber die „besten Cocktails der Stadt". Auf jeden Fall sind es viele, derzeit 114 Kreationen stehen auf der Karte. Freitag- und Samstagabend geht die Post ab im zugehörigen „Jack Inn". Raucherlokale, Zutritt ab 18 Jahren. Friesenstraße 13 • Tel.: 05121 286027 • www.outbackinn.de • Mo.–So. ab 18 Uhr, während der Bundesliga-Saison ab 14 Uhr (Outback Inn), Fr./Sa. ab 20 Uhr (Jack Inn).

34 Potters Alteingesessene Bar mit großer Auswahl an Cocktails und Zigarrenbereich. Täglich günstige Preise zur Happy Hour von 19 bis 21 Uhr. Das Team mixt auch die Getränke bei zahlreichen externen Veranstaltungen in Hildesheim, etwa beim „City Beach" (Stadtstrand in den Sommermonaten). An den Wochenenden kann man hier (fast) die Nacht durchmachen. Friesenstraße 17–18 • Tel.: 05121 14698 • www.potters.de • Mo.–Sa. ab 19 Uhr, Happy Hour bis 21 Uhr

35 Sorgenfrei Bar Bar-Bistro mit Kulturbezug: In unmittelbarer Nachbarschaft von Thega-Filmpalast und Theater für Niedersachsen, ist dies die Anlaufstelle nach den Vorstellungen. An Wochenenden DJs und Livemusik. Gute Auswahl an Bieren, Weinen und Cocktails. Die Küche bietet Snacks, Salate, Pizza und Sushi. An Aktionstagen besonders preisgünstig. Mit Sommerterrasse. Gartenstra-

ße 20 • Tel.: 05121 2946594 • www.sorgenfrei-bar.de • So.–Do. 17–2 Uhr, Fr./Sa. 17–3 Uhr (Küche bis 24 Uhr, Fr./Sa. bis 1 Uhr)

IN DER UMGEBUNG

Alfeld

36 Annas alte Liebe Urgemütliche Kneipe in der Altstadt von Alfeld mit traditionellem Gewölbekeller und Biergarten. Zur Auswahl stehen primär Gerichte aus der Region. Am Klingsberg 1 • 31061 Alfeld • Tel.: 05181 25064 • Mo.–So. ab 10 Uhr

37 Fagus-Gropius Café Café im ehemaligen Maschinenhaus des Fagus-Werkes. Im Angebot sind Kaffee und Kuchen sowie wochentags wechselnde Mittagsangebote. Hannoversche Straße 58 • 31061 Alfeld • Tel.: 05181 790 • www.fagus-werk.com • Mo.–Fr. 11.30–14 Uhr Mittagstisch, März.–Okt. Sa.–So. 10–16 Uhr, Nov.–Feb. 13.30–16.30 Uhr

38 Steakhouse & Café Richter's Idyllisch und ruhig gelegen oberhalb Fredens direkt am Selter im ehemaligen Gasthaus „Zum Rhönkrug". Am Nachmittag können Ausflügler bei Kaffee und Kuchen auf der Terrasse mit herrlichem Ausblick ins Leinetal entspannen und am Abend ein Steak im Restaurant verzehren. Röhnkrug 1 • 31084 Freden • www.pfeffermühle-alfeld.de • Mi./Do. 14.30–20.20 Uhr, Fr./Sa. 14.30–22 Uhr, So. 11.30–20.20 Uhr

Derneburg

39 Café Glashaus Das Café liegt im von Georg Ludwig Friedrich Lave 1830 erbauten Glashaus auf dem

Schlossgelände von Schloss Derneburg. Geboten werden hausgemachte Kuchen, ein reichhaltiges Kaffee- und Teeangebot sowie Eisspezialitäten. Schlossstraße 17 • Tel.: 05062 440 • 31188 Holle/OT Derneburg • www.derneburg.de/cafe-im-glashaus • Mi.–Fr. 14–18 Uhr, Sa. 11–18 Uhr, So. 10–18 Uhr, im Winter nur an Wochenenden geöffnet und teils geschlossen (siehe Homepage)

40 **Flexx** Auf dem Gelände der Prahmann-Villa gelegenes Bistro mit Terrasse. Geboten werden eine große Weinauswahl und rustikale Speisen zu moderaten Preisen. Hildesheimer Straße 2 • 37581 Bad Gandersheim • Tel.: 05382 958408 • www.flexx-gan dersheim.de • Mi.–Sa. ab 17 Uhr, So. 11.30–14.30/17–23 Uhr

Pattensen

41 **Schloss Marienburg** Das Restaurant im Stil eines französischen Bistros befindet sich im ehemaligen Pferdestall des Schlosses. Die Bandbreite des Speiseangebots bewegt sich zwischen exotisch bis rustikal. Am Sonntag gibt es zwischen 10 und 14 Uhr Brunch, außerdem an einigen Feiertagen (Termine siehe Homepage). Marienberg 1 • 30982 Pattensen • Tel.: 05069 3480040 • www.schloss-mari enburg.de • März.–Okt. Di.–Do. 10–18 Uhr, Fr.–So. 10–19 Uhr, Nov/Dez. Mi.–So. 11–17 Uhr

EINKAUFEN

Was wäre Urlaub ohne Shopping? Neben den touristisch orientierten Shops, in denen es unter anderem Hildesheimer Rosensouvenirs (z. B. in der tourist-information) oder Dom-Schokolade gibt, lohnt auch der Blick in die „alltäglichen" Geschäfte. Mit schicker Robe, einem Kunstwerk oder Mitbringsel wirkt der Urlaub noch lange nach.

1 Adamski Stilvolle, modische Kleidung für den anspruchsvollen Herrn, von klassisch über trendy bis sportlich. Das Traditionsgeschäft ist seit mehr als 100 Jahren am Platz. Hoher Weg 8 • Tel.: 05121 91700 • www.adamski.eu • Mo.–Fr. 9.30–19 Uhr, Sa. 9.30–18 Uhr

2 Arneken-Galerie Der neue Shoppingtempel in der Innenstadt wurde im März 2012 eröffnet. Hinter den gläsernen Fassaden locken zahlreiche Läden, ein breites Gastronomieangebot und verschiedene Events. Besonders bemerkenswert ist der integrierte archäologische Pfad: Bei den Bauarbeiten wurde ein Meldegang aus dem 17. Jh. entdeckt, der nun Teil des Shoppingcenters ist und besichtigt werden kann. Almsstraße 9 • Tel.: 05121 206630 • www.arnekengalerie.de • Mo.–Sa. 9.30–20 Uhr

3 Die Knolle Institution in der Hildesheimer Neustadt. Naturkost, vegetarische und vegane Produkte,

große Auswahl an Wein, Käse und Antipasti aus ökologischer Herstellung. Goschenstraße 73 • Tel.: 05121 131452 • Mo.–Fr. 9–18 Uhr, Sa. 9–13 Uhr

4 El Mercado Inhaber Vicente Hernandez bietet Spezialitäten aus seiner spanischen Heimat, z. B. Serrano-Schinken, Oliven, Gebäck und Tapas, Meeresfrüchte, Kaffee, Spirituosen, Likörsorten, Weine und Biere, Gewürze und Kräuter. Paella-Service ab 20 Personen. Dingworthstraße 30 • Tel.: 05121 9979435 • www.elmercado-hildesheim.de • Mo.–Fr. 9–18 Uhr, Sa. 9–13 Uhr

5 El Puente Weltladen Seit 1974 betreibt eine engagierte Gruppe das Fairtrade-Geschäft. Buntes Sortiment an kunstvoll gestalteten Geschenkartikeln, exotische Gewürzen, veredelte Confiserie, Kaffeespezialitäten u. v. m. Scheelenstraße 21 • Tel.: 05121 37745 • www.el-puente.de • Mo.–Fr. 10–18 Uhr, Sa. 10–16 Uhr

6 Handelshaus Schlegel Traditionsgeschäft in der Hildesheimer Innenstadt, seit 1958 am Platz. Neben

◄ Blick in die Fußgängerzone

Wein und Spirituosen sind ausgesuchte Kaffeesorten, 50 Sorten Ronnefeldt-Tee, Schokoladen, Pralinen und Konfekt erhältlich. Probeverköstigungen. Schuhstraße 37 • Tel.: 05121 36897 • www.handelshaus-schlegel.de • Mo.–Fr. 9.30–18 Uhr, Sa. 9.30–17 Uhr

7 Holzkopp Spielwaren & Geschenke Seit mehr als 25 Jahren in der Hildesheimer City vertreten. Hier legt man Wert auf Spielzeug, das ohne Trends und Werbung auskommt. Scheelenstraße 11 • Tel.: 051 21 131439 • www.holzkopp.de • Mo.–Fr. 9.30–18 Uhr, Sa. 9.30–15 Uhr (Advent: Sa. 9.30–18 Uhr)

8 Kunst & Galerie Volker Inhaberin Monika Volker führt das Geschäft seit 1989. Große Auswahl an Grafiken, Ölbildern, Radierungen, Spiegeln, Kunstkarten und Stadtansichten von Hildesheim. Passend dazu gibt es Bilderrahmungen und Wechselrahmen. Scheelenstraße 7 • Tel.: 0179 5025742

• www.kunst-und-galerie-volker.de • Mo.–Fr. 10–18 Uhr, Sa.10–14 Uhr

9 Kunst und Tradition Ausgesuchte Antiquitäten und zeitgenössische Kunst in reicher Auswahl. Auch Ankauf antiker Gemälde, Silber, Bücher etc. Osterstraße 12 • Tel.: 05121 69721 38 • www.antiquitäten-hildesheim.de • Di.–Fr. 10–13/15–18 Uhr, Sa. 10–14 Uhr

10 Lilli's Fashion & Lifestyle Hier gibt es die Highlights aus Mode- und Lifestylemagazinen, Markenmode angesagter Designer und Labels. Osterstraße 41–44 • Tel.: 05121 12671 • www.lilis-shop.de • Mo.–Fr. 10–19 Uhr, Sa. 10–16 Uhr

11 Melrose Fashion jenseits des Mainstream verleiht dem Pferdemarkt etwas Kiez-Atmosphäre. Ausgefallene Marken wie Adelheid/Werkstatt des wahren Glücks, Bench, Blutsgeschwister, Cream, Derbe, Desigual, Pussy de Luxe, UVR Connected und Vive Maria. Schuhstraße 24 • Tel.: 05121 36963 •

Mittwochs und samstags ist Wochenmarkt

Musiker beim Pflasterzauber

Mo.–Fr. 10.30–18.30 Uhr, Sa. 10.30–16 Uhr

12 Modehaus Kreßmann Das Geschäft steht seit vier Generationen für aktuelle Mode, guten Stil und neue Trends in Sachen Damen-, Herren- und Kinderbekleidung. Hoher Weg 13–14 • Tel.: 05121 16790 • www.kressmann-hildesheim.de • Mo.–Fr. 9.30–19 Uhr, Sa. 9.30–18 Uhr

13 Modepark Röther Große Auswahl an Markenmode. Die neusten Trends, aber auch Klassisches und Zeitloses. Bernwardstraße 11 • Tel.: 05121 2807080 • www.modepark.de • Mo.–Sa. 9–20 Uhr

14 Wein Kusch Rund 600 Weine aus weltweiten Anbaugebieten, große Auswahl an Whiskey und Rum, Feinkost-Spezialitäten. Individuelle und kompetente Beratung durch Axel Kusch und sein Team. Regelmäßig Weinproben und Whiskey-Tasting im Gewölbekeller. Osterstraße 50 • Tel.: 051 21 12155 • www.weinkusch.de • Mo. 14–18.30 Uhr, Di.–Fr. 9.30–18.30 Uhr, Sa. 9.30–15 Uhr

ÜBERNACHTUNG

Vor den Toren der Messestadt Hannover liegend, hat sich Hildesheim auf Fachbesucher eingestellt. Das bringt in manchen Wochen des Jahres zwar Vollbelegung und höhere Zimmerpreise mit sich (frühzeitig buchen bzw. möglichst außerhalb der Messen anreisen!), dafür ist das Angebot an Unterkünften besonders vielfältig. Von Luxus bis zum Familien-Hostel ist alles dabei.

GEHOBEN BIS LUXURIÖS

1 Novotel Hildesheim Das Hotel befindet sich in einem denkmalgeschützten Gebäude am Rande der Altstadt und liegt inmitten einer schönen Parkanlage. 120 modern ausgestattete Zimmer, stilvolles Interieur mit historischem Charme. 500 Meter Fußweg zum Hauptbahnhof, großer Parkplatz. Bahnhofsallee 38 • Tel.: 05121 17170 • www.novotel.de

2 Parkhotel Berghölzchen Traditionshotel am beliebten Moritzberger Stadtwald. 80 moderne Zimmer in zwei Kategorien nach internationalem 4-Sterne-Standard, mit WC, Dusche/Bad, Flachbildfernseher, Kabel-TV, Sky Cinema, WLAN, Telefon, moderner Sitzecke. Zimmergröße 18 bis 25 Quadratmeter, davon drei behindertenfreundlich. Am Berghölzchen 1 • Tel.: 05121 9790 • www.berghoelzchen.de

◀ Gut ausgeschlafen in einen neuen Tag starten

3 Van der Valk Hotel Hildesheim Das Hotel am historischen Marktplatz. 108 Zimmer in fünf Kategorien sowie ein behindertengerechtes Zimmer und einige Allergiker-Zimmer. Das Interieur ist in schlichter Eleganz mit liebevoll gewählten Details gehalten. Markt 4 • Tel.: 05121 3000 • www.hildesheim.vandervalk.de •

KOMFORTABLE MITTELKLASSE

4 Gästehaus Klocke In ruhigem Wohngebiet nahe des Kalenberger Grabens, schöne Laufstrecken und Freibad Johanniswiese „vor der Tür", Fachwerkviertel und Altstadt liegen gegenüber. Gemütliches Interieur und idyllischer Hof mit Hinterhaus. Humboltstraße 11 • Tel.: 05121 179213 • www.gaestehaus-klocke.de

5 Gollart's Hotel Deutsches Haus Alteingesessenes Hotel in verkehrsgünstiger Citylage. Sehenswürdigkeiten wie das Knochenhaueramtshaus (historischer Marktplatz) und St. Michaelis befinden sich in unmittelbarer Nähe. Bischof-Janssen-Straße 5 • Tel.: 05121 15890 • www.deutsches-haus-hildesheim.de

6 Hotel Bürgermeisterkapelle Das familienfreundliche Hotel befindet sich direkt hinter dem Rathaus. 41 gemütlich und modern und hell eingerichtete Zimmer mit Video, DVD und TV. Alle Hotelzimmer sind mit Dusche/WC oder Bad/WC ausgestattet. Rathausstraße 8 • Tel.: 05121 179290 • www.hotelbuergermeisterkapelle.de

7 Hotel & Restaurant Itzumer Paß Familie Bruns führt das überschaubare Traditionshaus seit drei Generationen und legt höchsten Wert auf gepflegte Gastlichkeit. Ruhige Lage am südlichen Rande Hildesheims, nahe Domäne Marienburg. Itzumer Hauptstraße 15 • Tel.: 05064 93960 • www.itzumerpass.com

8 Hotel Stadtresidenz Im Stadtzentrum und zugleich ruhig gelegen, 18 große, individuell gestaltete Zimmer (35–65 m^2), wahlweise „Standard" oder „Deluxe". Mediterran gestalteter Innenhof. Theater, Kino, Bars und Restaurants liegen in unmittelbarer Umgebung. Haustiere erlaubt, freies WLAN. Steingrube 4 • Tel.: 05121 69 79892 • www.hotel-stadtresidenz.de

9 Landgasthof Zur scharfen Ecke Rustikal und komfortabel, auch preisgünstige Zimmer mit Dusche/WC auf dem Gang. Die Doppelzimmer verfügen teilweise über einen Balkon. In der Nähe befinden sich das Uni-Viertel und schöne Ausflugsziele. Á-la-carte-Restaurant mit gutbürgerlicher Küche, Raucherbereich. Itzumer Hauptstraße 1 • Tel.: 05121 2030 • www.zur-scharfen-ecke.com

10 M&A Cityhotel Im ehemaligen „Hotel Schweizer Hof", direkt im Zentrum gelegen, Domviertel und historischer Marktplatz sind fußläufig schnell erreicht. Das Haus verfügt über 58 modern eingerichtete Zimmer und eine Suite. Hindenburgplatz 6 • Tel.: 05121 39081 • www.ma-cityhotel.de

PREISWERT

11 ABH Gäste-Boardinghaus Gegenüber den Wallanlagen, St. Michaelis und Magdalenengarten. Für Besucher der Messe Hannover ist die Lage zwischen B 1 und B 243 besonders günstig. Helle Räume in Weiß und Blau. Auch Selbstversorgerappartements. Bleckenstedter Straße 1 • Tel.: 05121 924911 • www.gaestehaus-abh.de

12 Conditorei-Café Timphus Hotel Hotelfachfrau und Konditormeisterin Jutta Timphus führt das Hotel in der Hildesheimer Neustadt. Die zentralen Sehenswürdigkeiten sind fußläufig gut erreichbar. Exquisites Frühstücksbuffet mit frischen Brötchen aus eigener Bäckerei. Neustädter Markt 55 • Tel.: 05121 34686 • www.timphus-conditorei-hotel.de

13 Hotel Marheineke Kleines Hotel in Hildesheim-Drispenstedt, 1 km von der Autobahnausfahrt entfernt. Zehn

---

ZIMMERVERMITTLUNG
tourist-information • Rathausstraße 20 (Tempelhaus) • Tel.: 05121 17980 • Mo.–Fr. 9.30–18 Uhr, Sa. 10–15 Uhr, im Sommer auch So. Online-Buchung über www.hildesheim.de

freundlich gestaltete Ein-, Zwei- und Dreibettzimmer, alle mit TV, teilweise mit eigener Dusche/WC. Gute Parkmöglichkeiten, sehr gute Verkehrsanbindung zur Innenstadt, bis zur Messe Hannover sind es 25 km. Peiner Landstraße 189 • Tel.: 05121 52667 • www. hotel-marheineke.de

14 Hotel Meyer Seit 1867 im Familienbesitz und in fünfter Generation betrieben. Modern und funktionell eingerichtete Hotelzimmer, alle ausgestattet mit Farb-TV. Ausreichend kostenfreie Parkplätze. Nur 2 km von der Innenstadt und dem Bahnhof entfernt. Peiner Landstraße 185 • Tel.: 05121 53179 • www.hotel-meyer-hildesheim.de

15 Lindemann Hotel Im nordöstlichen Stadtgebiet, verkehrsgünstig nahe der A 7 gelegen. Gegenüber lädt das Parkgelände rund um den Müggelsee zu Spaziergängen ein. Komfortabel und preisgünstig (Einzelzimmer ab 48 Euro). Wintergarten und Wasser-Terrasse, LCD-TV, Betten in Übergröße, auch mit antiallergischen Textilien. Kruppstraße 5 • Tel.: 05121 6964311 • www.lindemann-hotel.de

16 Moltkestrasse 89 Pension Garni. Neben einer Ferienwohnung stehen je ein Einzel- und Doppelzimmer (ab 47/60 €) zur Verfügung. Tagesgäste sind stets willkommen, Kinder und Radfahrer erwünscht. Räder und andere Sportgeräte können im abschließbaren Kellerraum untergebracht werden. Moltkestraße 89 • Tel.: 05121 512434 • www.moltkestrasse89.de •

17 Osterberg – Restaurant & Hotel Kleiner, inhabergeführter Familienbetrieb in Hildesheim-Himmelsthür.

Schöne Sommerterrasse mit Ausblick. Linnenkamp 4 • Tel.: 05121 206880 • www.hotel-osterberg.de

DAS BESONDERE

18 Hotel Am Steinberg Familienfreundliches Hotel. Der nahe Panoramaweg, Stadtwald mit Wildgehege, Hildesheimer Wald und Hohnsensee bieten gute Wander- und Joggingmöglichkeiten. Restaurants und Einkaufsmöglichkeiten in unmittelbarer Nähe. Adolf-Kolping-Straße 6 • Tel.: 05121 809030 • www.hotelamsteinberg.de •

19 Tagungshaus Priesterseminar Das Tagungszentrum des Bistums Hildesheim steht Gruppen und Gästen offen, die an der christlichen Orientierung teilhaben möchten. Persönliche Atmosphäre, zentrale und ruhige Lage. Neue Straße 3 • Tel.: 05121 1791540 • www.tagungshaus-priesterseminar.de

FAMILIEN- UND JUGEND-UNTERKÜNFTE

20 Family-Inn Preiswertes Familienhotel mit freundlich ausgestatteten Zimmern, abschließbaren Duschkabinen im Flur, einer gemeinsamen Küche und zwei Tagungsräumen. Insgesamt 132 Betten verteilen sich auf Zwei-, Vier-, Sechs- und Achtbettzimmer. Fernseher auf Nachfrage möglich, Frühstück für Gruppen ab 20 Personen. Lilly-Reich-Straße 12 • Tel.: 05 121 704372 • www.familyinn.de •

21 Jugendherberge Hildesheim 104 Betten, auch im Einzelzimmer, Preisermäßigung für Gäste bis 26 Jah-

Das Hotel Haase in Laatzen-Grasdorf

re. Halbpension: plus 4,90 Euro, Vollpension: plus 9,80 Euro auf die Übernachtungspreise inkl. Frühstück. Nur mit gültigem Jugendherbergsausweis. Schirmannweg 4 • Tel.: 05121 42717 • www.djh-niedersachsen.de/jh/hildesheim • 🏠

IN DER UMGEBUNG

Alfeld

22 **Hotel Räuber Lippoldskrug** Hotel im malerischen Leinebergland, ideal für Kulturreisen nach Alfeld und Fahrradtouren durch das Leineland und Weserbergland. Im Restaurant gibt es Deftiges aus der Region und wechselnde Themenkarten. Glenetalstraße 70 • 31061 Alfeld • Tel.: 05181 38 480 • www.raeuber-lippoldskrug.de

Bad Gandersheim

23 **Hotel Gerichtsschänke** Familienhotel mit 35 Betten in zentraler Lage von Bad Gandersheim. Die zentrale Lage des Hauses bietet ideale Bedingungen für Ausflüge in die Stadt und ins Umland von Gandersheim. Burgstraße 10 • 37581 Bad Gandersheim • Tel.: 05382 98010 • www.hotel-gerichtsschaenke.de • 🏠 🏠

Bad Salzdetfurth

24 **relexa hotel** Das 4-Sterne-Hotel bietet über 130 Zimmer (auch Superior- und Maisonette-Appartements). Für Sport, Erholung und Entspannung stehen den Gästen ein großzügiges Hallenbad mit Sauna, ein Fitnessraum sowie die „WellnessOase", zwei Restaurants und eine Bar zur Verfügung. An der Peesel 1 • 31162 Bad Salzdetfurth • Tel.: 05063 290 • www.relexa-hotel-bad-salzdetfurth.de

Laatzen

25 **Hotel Haase** 3-Sterne-Hotel nahe der A 7 in Laatzen. Das Haus hat 43 Zimmer, ein Restaurant mit deutscher Küche und ist gut mit den öffentlichen Verkehrmitteln zu erreichen. Am

Das Leine Hotel unweit von Schloss Marienburg

Thie 4 • 30880 Laatzen-Grasdorf • Tel.:
0511 820160 • www.hotel-haase.de •
Rezeption 6–23 Uhr •

Lampspringe

26 Hotel Weißes Ross Kleines, fami-
liär geführtes 2-Sterne-Hotel mit 10
Zimmern in einem hübschen Fachwerkhaus. Im Restaurant wird gut-
bürgerliche Küche aus eigener Haus-
schlachtung geboten. Hauptstraße 95
• 31195 Lamspringe • Tel.: 05183 407 •
www.hr-weisses-ross.de •

Pattensen

27 Leinehotel Privat geführtes
4-Sterne-Hotel mit Nähe zum Schloss
Marienburg und der Hannover Messe. Insgesamt finden sich 80 Zimmer
(54 EZ, 26 DZ) im Haus. Für Hausgäs-
te stehen ein E-Bike-Verleih und eine
Sauna zur Verfügung. Das Restaurant
„Zur Lüchte" serviert deutsche und
internationale Küche. Schöneberger
Straße 43 • 30982 Pattensen • Tel.:
05101 9180 • www.leinehotel.de •

KULTUR UND FREIZEIT

Berühmte Ausstellungen, Besonderes zur Stadtgeschichte und Kuriositäten – schon die Museen der Region Hildesheim bieten reichlich Abwechslung. Auch das Programm rund um die Bühnen, Leinwände und Galerien beinhaltet alle Facetten kulturellen Lebens, von experimentell bis populär, von leichter Kost bis hin zu Tiefgründigem.

MUSEEN UND SAMMLUNGEN

1 Dommuseum Nach fünf Jahren des Umbaus wurde das Dommuseum Hildesheim im April 2015 wiedereröffnet. Die herausragenden Exponate der zum UNESCO-Welterbe gehörenden mittelalterlichen Schatzkunst werden in gänzlich neu gestalteten Räumen präsentiert. Die einzigartigen Objekte der Domschatzkammer – wie die silberne Krümme vom Stab des Abtes Erkanbald von Fulda, die silbernen Leuchter, das Kreuz Bischof Bernwards sowie die Goldene Madonna, eines der ältesten Bildwerke des Mittelalter – reichen bis in die Zeit Bischof Bernwards (993 bis 1022) zurück. Domhof 18–21 • Tel.: 05121 307760 • www.dommuseum-hildesheim.de • Di.–So. 10–17 Uhr

2 Neisser Heimatmuseum Im Waffenschmiedehaus von 1548 untergebrachtes Heimatmuseum und Archiv

◀ Allegorische Darstellungen der Kontinente Amerika (v.) und Asien im Roemer- und Pelizaeus-Museum

mit Erinnerungen und Exponaten aus der Neisser Heimat. Die Sammlung umfasst das ehemalige Fürstentum Neisse, das ehemalige Breslauer Bistumsland, einschließlich des südlichen, früher österreichischen Teils. Gelber Stern 21 • Tel.: 05121 132756 • www.neisser-heimatbund.de • Mi. 16–18 Uhr • Weitere Besuchszeiten nach telefonischer Anmeldung unter Tel.: 05121 6754652 bei Renate Bruntz

3 Roemer- und Pelizaeus-Museum Besonders wegen seiner Altägypten-Sammlung bekannt und einer der wichtigsten Orte, an denen man die Zeugnisse der Pyramidenzeit studieren kann. Die Sammlung umfasst heute etwa 9.000 Objekte aus allen Epochen, von der Vorgeschichte bis in die römische und christliche Zeit Ägyptens, mit Schwerpunkt auf den Objekten des Alten Reiches (um 2707–2170 v.Chr.). Diese stammen fast alle aus den Grabungen auf dem Pyramidenfriedhof von Gizeh. Weitere Sammlungen zur Naturkunde, Völkerkunde, Stadtgeschichte und Kunst. Am Steine 1–2 • Tel.: 05121 93690 • www.rpmuseum.de • Di.–So 10–18 Uhr

DREI MUSEEN MIT EINER KARTE

Die „Museumskarte" (15 €) gilt als Eintrittskarte für drei Museen: Dommuseum, Roemer- und Pelizaeus-Museum und Stadtmuseum im Knochenhaueramtshaus. Erhältlich ist sie im Besucherzentrum Welterbe Hildesheim & tourist-information (S. 137) sowie in den teilnehmenden Museen und gilt bis Ende 2018. Weitere Infos auch unter: www.hildesheim.de/museumskarte

4 Schnarchmuseum Alfeld Das Museum zur Kulturgeschichte des Schnarchens zeigt über 200 außergewöhnliche Exponate vom 18. Jh. bis in die Neuzeit inklusive Geschichte und therapeutischer Möglichkeiten. Warnetalstraße 10 • 31061 Alfeld (Leine) • Tel.: 05181 829187 • www.schnarch museum.de • Mi./Sa./So. 15–18 Uhr

5 Schulmuseum Stiftung Universität Hildesheim Ein historisches Klassenzimmer aus der Zeit der Wilhelminischen Ära sowie eine Dauerausstellung zur Schulgeschichte im Hildesheimer Land laden hier zu einer unterrichtlichen Zeitreise ein. Besucher können den Unterricht aus der Kaiserzeit um 1900 erleben. Domänenstraße • Stadtbuslinie 3 und Regionalbuslinien 2320, 2454, 2456 (Haltestelle Itzum/Scharfe Ecke; Fußweg zur Domäne ca. 10 Min.) • Di. 9–12,

Ein Lobgesang auf die Königin der Blumen: das Rosenmuseum

Mi. 15–18 Uhr, Mai–Okt. auch am 1. So. des Monats 15–18 Uhr • Eintritt auf Spendenbasis

6 Stadtmuseum Alfeld Das Museum ist seit seiner Gründung 1928 in der ehemaligen Lateinschule, einem einzigartigen Beispiel norddeutscher Fachwerkarchitektur des 17. Jh.s., untergebracht. Im Mittelpunkt der Dauerausstellung stehen die Geschichte Alfelds und die Entwicklung der Stadt von einem mittelalterlichen Handelsplatz zu einem Industriezentrum im Leinetal. Weiterer Schwerpunkt ist die Ur- und Frühgeschichte des Leinetals. Am Kirchhof 4–5 • 31061 Alfeld (Leine) • Tel.: 05181 829738 und 8070820 • Di.–Fr. 10–12/15–17 Uhr, Sa./So. 10–12 Uhr (Mai–Sept. auch 15–17 Uhr)

7 Stadtmuseum im Knochenhaueramtshaus Museum mit einer Dauerausstellung zur Geschichte der Stadt Hildesheim von der Ur- und Frühgeschichte bis zur Gegenwart sowie wechselnden Sonderausstellungen auf fünf Etagen. Gezeigt werden eindrucksvolle Objekte wie die kostbaren Nachbildungen des „Hildesheimer Silberfundes" aus römischer Zeit oder das prunkvolle Tafelsilber des Fürstbischofs Friedrich Wilhelm von Westphalen aus dem 18. Jh. Markt 7 • Tel.: 05121 2993685 • www.stadtmuseum-hildesheim.de • Di.–So. 10–18 Uhr, an Feiertagen und für größere Gruppen auch Mo. geöffnet • 📷

KONZERT, THEATER, KLEINKUNST

8 Halle 39 Events, Messen, Kongresse: In dem Hangar wurde einst das legendäre Flugzeug Junkers JU-52 gewartet, heute ist es die größte

Event-Location Hildesheims. Schinkelstraße 7 • Tel.: 05121 28294030 • www.halle39.de

9 Kulturzentrum Bischofsmühle Das Programm umfasst größtenteils Konzerte aller Stilrichtungen, besonders Blues und Irish Folk. Daneben gibt es immer wieder Kabarett, Lesungen, Kleinkunst zu erleben. Höhepunkt ist das „Jazztime Hildesheim", ein dreitägiges Jazz-Festival zu Pfingsten. Dammstraße 32 • Infos: Cyclus 66 e.V. • Tel.: 05121 9994355 • www.bischofsmuehle.de • Öffnungszeiten variieren je nach Veranstaltung

10 Volksbank-Arena Die Halle an der Schützenwiese ist eine der bekanntesten Institutionen im ganzen Landkreis, wenn es um große Events geht. Vom Handball-Turnier über die Ü30-Party bis hin zum Nachtflohmarkt ist alles dabei. Frankenstraße 45 • Tel.: 05121 6977735 • www.eventarena-hildesheim.de

11 TfN – Theater für Niedersachsen Die Spielstätte zeigt Schauspiele, Opern, Operetten und Musicals. Auch Kinder- und Jugendstücke sind im Programm, die auf der Bühne „theo" gespielt werden. Das Große Haus, die Bühne für große Inszenierungen, bietet 598 Zuschauern Platz. Im Foyer 1 (F 1) werden kleine Inszenierungen und Kleinkunstveranstaltungen auf die Bühne gebracht. Theaterstraße 6 • Tel.: 05121 16930 • www.tfn-online.de

KINO

12 HOKI – Hochschulkino Aktuelle Filme und Klassiker, Musicals, Roadmovies, Experimentalfilme, Dramen. Audimax der Uni Hildesheim • Marien-

Das Theater für Niedersachsen – Stadt- und Landestheater in einem

burger Straße 22 • Tel.: 05121 883300 • www.hoki-hildesheim.de • Vorstellungen während des Semesters Mi. 20 Uhr

13 **Kellerkino im Thega** Thematische Filmreihen und künstlerische Filme. Theaterstraße 6 (im Thega-Filmpalast) • Tel.: 05121 93610 • www.kellerkino-hildesheim.de • Vorstellungen Di. 17/ 19.30 Uhr

14 **Thega-Filmpalast** Das zentrale Hildesheimer Kino bietet auch Filmkunsttage, Seniorenkino, „Loveseats" für zwei Personen. Theaterstraße 6 • Tel.: 05121 2940777 • www.thega-filmpalast.de

LIVEMUSIK UND CLUBS

15 **Bierbörse/Fura Diskothek** Zwei Locations unter einem Dach in der Ratsbauhof-Passage. In der Bierbörse unterliegen die Getränkepreise dem Gesetz von Angebot und Nachfrage. Kein Wunder, dass es mehrmals am Abend einen Börsencrash gibt. Die Diskothek Fura bietet noch nie dagewesene Licht- und Klanginstallationen. Am Ratsbauhof 4 • Tel.: 05121 998377 • www.boerse-hildesheim.de • Bierbörse: Do.–Sa. ab 22 Uhr, Fura: Fr./Sa. ab 22 Uhr

16 **Club Mauerwerk** Szene-Club in der Innenstadt. Tanzbar mit Raucherbereich, Abhotten zu Techno, House und mehr. Osterstraße 30 • Tel.: 05121 6752785 • www.club-mauerwerk.de • Fr./Sa. 22–5 Uhr

17 **Kulturfabrik Löseke** Das soziokulturelle Zentrum in Hildesheim. Partys mit wechselnden DJ-Teams auf zwei Dancefloors, von Drum 'n' Bass, Alternative, Rock, Punk, Indie-Rock und -Pop bis hin zu Techno, House und Reggae ist alles dabei. Auch Livekonzerte und verschiedene Kulturveranstaltungen für Groß und Klein. Raucherlounge, Terrasse. Langer Garten 1 • Tel.: 05121 7509450 • www.kufa.info • Fr./Sa. ab 22 Uhr

Reichlich Raum zum Spielen und Toben in Hildesheim

18 Litteranova Kellerclub mit buntem Programm: Lesungen, Konzerte, Hörspiele, Clubabende, Quiznight. Cocktails, große Auswahl an Bieren, Whiskey, Snacks, Antipasti. Wallstraße 12a • Tel.: 05121 2944206 • www.litteranova.de • Di.–Fr. ab 19 Uhr, Sa. ab 20 Uhr

19 Vier Linden Event-Location mit Saal für 300 Personen. Rock und Pop bei verschiedenen Special-Partys (z. B. Rock 'n' Roll, 80er-Jahre, Metal Night) oder Livekonzerten. Alfelder Straße 55b • Tel.: 05121 2889442 • Mobil: 0173 3775426 (Inhaber Martin Schüler) • www.vierlinden-hi.de • Termine und Öffnungszeiten variieren je nach Veranstaltung

GALERIEN

20 Galerie im Stammelbachspeicher Galerie des „Fördervereins für bildende Künstlerinnen und Künstler in der Region Hildesheim e. V." auf zwei Etagen. Neben drei Ateliers gibt es zwei großzügige Ausstellungsräume mit jeweils über 400 m^2 in einer alten Lagerhalle. Gezeigt wird zeitgenössische Kunst von Künstlerinnen und Künstlern aus Hildesheim und Umgebung, aber auch aus anderen Teilen Deutschlands sowie dem benachbarten Ausland. Wachsmuthstraße 20/21 • www.galerieimstammelbachspeicher.de • Sa./So. 11–18 Uhr

21 Kunst im Kehrwiederturm Domizil und Ausstellungsgalerie des Kunstvereins Hildesheim. Pro Jahr werden in der Regel sechs bis acht Ausstellungen realisiert. Am Kehrwieder/Ecke Keßlerstraße • Tel.: 05121 6981118 • Termine und Infos zu den Ausstellungen: www.kunstverein-hildesheim.de

KINDER UND FREIZEIT

22 Aktiv-Spielplatz AKKI Ein pädagogisch betreuter Spielplatz für Kinder im Alter von 6 bis 13 Jahren mit Tischtennisplatten, Schaukeln, Wasserpumpe, Sandkisten, Teich, Spielturm, Windrad, Wippe, Karussell, Seilbahn, BMX-Strecke, Baugebiet, Tiergehege mit Hühnern, Gänsen und Ziegen, angrenzend ein Sportplatz. Von-Thünen-Straße 7 • Anmeldung unter Tel.: 05121 55158 (erreichbar 10–12.30 Uhr) • www.ak tiv-spiel-platz.de

23 Disc-Golf-Anlage Im Mai 2017 wurde im Drispenstedter Stadtpark die neue Disc-Golf-Anlage eröffnet – ein Parcours mit acht Bahnen inklusive Abwurfzonen mit kleinen Erklärungstafeln und Zielkörben. Brandisweg • Tel.: 0179 6956485 • www.nordisc.de/hildesheim

24 Freizeitbad JoWiese 5 ha großes Frei- und Strandbad mit vielen Attraktionen: ein modernes 50-Meter-Becken, ein separates Springerbecken, ein Wasserspielgarten für die Kleinen sowie ein Spaßbecken mit einer 80 m langen Großrutsche. Die Wasserfläche der Schwimmbecken beträgt insgesamt 2.700 m^2. Lucienvörder Allee 1 • Tel.: 05121 35575 • www.jowiese.de • Mo.–Fr. 6–20 Uhr, Sa./So. 7–20 Uhr

25 HopplaHopp Ein Indoorspielplatz, der seinen Gästen nicht nur bei Regen jede Menge Spaß bietet. Große Hüpfburgen, eine bunte Kindereisen-

bahn, ein Trampolin, Klettermöglichkeiten und viele andere Highlights. Speisen und Getränke erhält man in der „HopplaHopp"-Gastronomie. Sonntags gibt es hier ein reichhaltiges Frühstücksbuffet. Kruppstraße 5 • Tel.: 05121 2063535 • www.hoppla hopp.com • Mo.–Fr. 14–19 Uhr, Sa./So./schulfreie Tage in Niedersachsen 10–19 Uhr • Eintritt für Kinder 6 Euro, unter 2 Jahre kostenlos

26 Skaterpark Hildesheim Der neue professionelle Skaterpark in Ochtersum lockt Skater aus der ganzen Region nach Hildesheim. Am Philosophenweg (nahe Hohnsensee)

27 Spielplatz Steingrube Schöner Spielplatz mit Klettergerüsten, großzügigen Sandflächen, zwei Rutschen, Wippe, Schaukel, mehreren Federwippen. Rollschuhbahn und Ballspielplätze in der Nähe. Steingrube 5–7

28 Wasserparadies Hildesheim 1.500 m^2 Wasserfläche, eine über 100 Meter lange Riesenrutsche mit Infinity Jump und mehr, Steilwandrutsche, Wasserkanonen, Strömungskanal, Kinderbecken, Außenbecken mit Massagedüsen und Liegemulden, eine Grotte und vieles mehr garantieren Spaß für die ganze Familie. Bischof-Janssen-Straße 30 • Tel.: 05121 15070 • www.wasserparadies-hildesheim.de

▶ Im Wasserparadies Hildesheim

134

INFORMATIONS-ABC

ANREISE

Mit dem Auto Hildesheim liegt verkehrsgünstig direkt an der Nord-Süd-Achse A 7 (Anschlussstellen Hildesheim und Hildesheim-Drispenstedt) sowie an der West-Ost-Verbindung B 1. Die Autobahnkreuze rund um das nahe gelegene Hannover gewährleisten weitere schnelle Verbindungen in Richtung Westen und Osten, insbesondere die A 2.

Mit der Bahn Der Bahnhof liegt am Rand der Altstadt und bildet eine Station wichtiger ICE- und IC-Verbindungen. Am Vorplatz halten die Stadtbuslinien 1, 2, 3, 6, 7, 8 und 17, die den Bahnhof mit allen Stadtteilen verbinden und sogar bis zum Hildesheimer Wald fahren. www.bahn.de • Automatische Fahrplanauskunft unter Tel.: 0800 1507090 • DB-Service-Nummer: 0180 5996633

Mit dem Flugzeug Mit Hannover-Langenhagen hat Hildesheim fast einen „eigenen" Flughafen. Über die A 7 ist dieser ca. in 45 Minuten erreicht. Auch die Anbindung mit Bahn und S-Bahn ist günstig. Servicenummer: 0511 9770

◄ Nützliche Informationen und Tipps gibt es im Besucherzentrum Welterbe Hildesheim & tourist-information im Tempelhaus

E-BIKE-AUSLEIHE

Zwischen März und Oktober stehen in Hotels, Freizeiteinrichtungen und Tourist-Informationen in der Region Hildesheim und darüber hinaus Verleih- und Akkuladestationen für E-Bikes zur Verfügung. Leihgebühr beträgt in der Regel 20 Euro pro Tag und Rad und 12,50 Euro pro halben Tag und Rad (Einzelpreise bitte an der jeweiligen Station erfragen).

tourist-information Hildesheim Rathausstraße 20 • Tel.: 05121 17980

Tourist-Information Bad Salzdetfurth Oberstraße 11 a • 31162 Bad Salzdetfurth • Tel.: 05063 27175 13

Forum Alfeld Aktiv e. V. Perkstraße 29 • 31061 Alfeld (Leine) • Tel.: 05181 703169

Hotel Restaurant Räuber Lippoldskrug Glenetalstraße 70 • 31061 Alfeld (Leine) • Tel.: 05181 38480

INFORMATION

Besucherzentrum Welterbe Hildesheim & tourist-information Anlaufstelle für Informationen rund um Hildesheim. Prospekte, Touristservice, Ticketverkauf, Souvenirs und mehr. • Rathausstraße 20 (Tempelhaus) • Tel.:

05121 17980 • Mo.–Fr. 9.30–18 Uhr, Sa. 10–15 Uhr, Apr.–Okt. und an den Adventswochenenden auch So. 10–15 Uhr

Tourist-Information Bad Gandersheim Stiftsfreiheit 12 • 37581 Bad Gandersheim • Tel.: 05382 73700 • www.bad-gandersheim-online.de • Mo.–Fr. 10–13/15–17 Uhr, Sa. 10–12 Uhr

Tourist-Information Bad Salzdetfurth Oberstraße 8 • 31162 Bad Salzdetfurth • Tel.: 05063 2717513 • www.bad-salzdetfurth.de • Mo.–Mi. 8–12 Uhr, Do. 8–18 Uhr, Fr. 8–13 Uhr, Sa. 8–12 Uhr

MOBILITÄT

Stadtverkehr Hildesheim GmbH (SVHI) Das gut ausgebaute Streckennetz der Stadtverkehr Hildesheim GmbH (SVHI) sorgt für Mobilität in Hildesheim. Informationen zu den Fahrplänen und Tarifen unter Info-Hotline 05121 66666 und www.svhi-hildesheim.de

Taxi Am Ratsbauhof • Bahnhofsplatz • Dammstraße • Hinter dem Schilde

(Galeria Kaufhof) • Kaiserstraße • Kaneelstraße (Van der Valk Hotel) • Theaterstraße (Nähe Kino/Theater) • Zingel (Nähe Hindenburgplatz und gegenüber VGH) • Zentraler Taxiruf: Tel.: 05121 55555

Parken Parkhaus Rose am Bahnhof • Cityparkdeck • Parkgarage Markt • Parkgarage Ratsbauhof • Parkgarage Andreaspassage • Museum • Parkgarage Sparkasse

Park & Ride Die P+R-Anlagen an der Frankenstraße (Berliner Kreisel) und am Philosophenweg bieten gute Umstiegsmöglichkeiten in die Stadtbuslinien.

ZEITUNG

Hildesheimer Allgemeine Zeitung Deutschlands älteste Tageszeitung bietet Aktuelles und Hintergründiges aus Land, Stadt und Region • www.hildesheimer-allgemeine.de

Kehrwieder am Sonntag Der „Kehrwieder" ist die führende Wochenzeitung in der Region Hildesheim/Vorharz • www.kehrwieder-verlag.de

REGISTER

PERSONENREGISTER

DANKESCHÖN

Die Autorin und der Verlag bedanken sich bei allen freundlichen Menschen aus Hildesheim und Umgebung, die durch ihre Anregungen und Hinweise zu diesem Reiseführer beigetragen haben, insbesondere bei der Hildesheim Marketing GmbH für ihre Unterstützung und Bereitstellung von Bildmaterial.

ABBILDUNGSNACHWEIS

Alle Bilder von Werner Klapper, Magdeburg, mit Ausnahme der folgenden:

Dommuseum Hildesheim/Florian Monheim: S. 4 o., 12, 54, 61, 63, Umschlag hinten o. l.
Fotolia.com: S. 47 (sven h), S. 71 (Bobo), S. 103 (Bos), S. 122 (Amir Kaljikovic), S. 133 (K.-U. Häßler)
Hildesheim Marketing GmbH: S. 6, 7, 73, 77, 118, 120, 121, 136
Hotel Haase: S. 126
Leine Hotel GmbH: S. 127
Leif Obornik/Hildesheim Marketing GmbH: S. 58, 104
Van der Valk Deutschland GmbH: S. 110
Wasserwelt Hildesheim: S. 135

BILDLEGENDE

S. 1: Der Platz hinter dem Rathaus, mal Beachclub, mal Eislaufbahn
S. 6: Blick auf den historischen Marktplatz
S. 10: Das Rosenlabyrinth im Ernst-Ehrlicher-Park
S. 12: Blick in das Mittelschiff des Hildesheimer Doms

S. 14: Erholung inmitten der Stadt: Am Kehrwiederwall
S. 16: Auf der Radtour locken Ausflugcafés wie die Domäne Marienburg
S. 18: Neben Spielplätzen bieten auch Hildesheims Kulturgüter Spaß für alle Altersklassen
S. 20: Der Marktbrunnen wird wegen seiner Figur – wohl fälschlicherweise – auch mal „Roland-Brunnen" genannt
S. 38: Liebevoll und farbenfroh gestaltet: Häuser im Fachwerkviertel
S. 54: Der Vorplatz des Mariendoms
S. 72: An der Bischofsmühle mit ihrem „Wildwasser".
S. 88: Überaus märchenhaft präsentiert sich Schloss Marienburg
S. 104: Auch das Fachwerk am Knochenhaueramtshaus erzählt Stadtgeschichte

Umschlag vorn: Der historische Marktplatz mit dem Knochenhaueramtshaus
Umschlag hinten: Der Heziloleuchter im Langhaus (o. l.), Idylle am Kehrwiederwall (o. M.), Cafés und Restaurants am historischen Marktplatz (u.)